DESENHE sua ESTRATÉGIA de NEGÓCIOS

Christine Chopyak

www.dvseditora.com.br
São Paulo, 2015

CRÍTICAS POSITIVAS AO LIVRO DESENHE sua ESTRATÉGIA de NEGÓCIOS

"Os métodos tradicionais de comunicação estratégica raramente atingem os resultados esperados pelo autor. Este livro permite que você engaje os acionistas e outros interessados no desenvolvimento da estratégia do negócio de modo que resulte em muita compreensão e mudanças organizacionais sem precedentes. Você está cansado de comunicação corporativa ineficiente? Se esse for o caso, este livro é para você."
Jesse White, presidente, Intact Technology

"Planejamento estratégico é assustador. Não pude acreditar como em apenas algumas horas divertidas conseguimos colocar tudo sobre nosso empreendimento em um mapa, identificar prioridades e determinar novos passos. Quando revisitamos novamente o mapa, ficamos absolutamente surpresos com o quanto havíamos realizado em 18 meses. Nós planejamos o sucesso e o colocamos em prática. Ainda utilizamos essa abordagem várias vezes. Funciona!"
Ken Morrison e Mauro Hernandez, proprietários da K&M Wines.

DESENHE SUA ESTRATÉGIA DE NEGÓCIOS
Transforme Decisões com o Poder dos Elementos Visuais

DVS Editora 2015 - Todos os direitos para a língua portuguesa reservados pela editora.

PICTURE YOUR BUSINESS STRATEGY
Transform Decisions with the Power of Visuals

Original edition copyright © 2013 by Christine Chopyak. All rights reserved.
Portuguese edition copyright © 2015 by DVS Editora Ltda. All rights reserved.

Nenhuma parte deste livro poderá ser reproduzida, armazenada em sistema de recuperação, ou transmitida por qualquer meio, seja na forma eletrônica, mecânica, fotocopiada, gravada ou qualquer outra, sem a autorização por escrito do autor.

Tradução: Sieben Gruppe
Diagramação: Konsept Design e Projetos

Dados Internacionais de Catalogação na Publicação (CIP)
(Câmara Brasileira do Livro, SP, Brasil)

Chopyak, Christine
  Desenhe sua estratégia de negócios / Christine Chopyak ; [tradução Sieben Gruppe]. -- São Paulo : DVS Editora, 2015.

  Título original: Picture your business strategy : transform decisions with the power of visuals.
  Bibliografia.

  1. Análise visual 2. Planejamento estratégico 3. Tomada de decisão I. Título.

15-08796   CDD-658.4012

Índices para catálogo sistemático:

1. Planejamento estratégico : Administração de empresas   658.4012

DESENHE sua ESTRATÉGIA de NEGÓCIOS

TRANSFORME DECISÕES com o PODER dos ELEMENTOS VISUAIS

Christine Chopyak

www.dvseditora.com.br
São Paulo, 2015

Este livro é dedicado a todos os artistas escondidos dentro de cada empresário. Liberte-se e comece a desenhar!

"As ideias mais inteligentes vêm de pessoas que aprenderam a encarar o imprevisível e o inesperado."
John Hunt, *The Art of the Idea (A Arte da Ideia)*

"Nossa única saída é navegar pelas ondas da mudança. Podemos imaginá-la; podemos senti-la. Se você navegar por ela, conseguirá superar qualquer outra.
O sentimento que tiver com o seu corpo o conectará ao mundo."
Ulric Rudebeck

SUMÁRIO

INTRODUÇÃO
Lembra-se de quando costumava desenhar? IX

CAPÍTULO 1
O poder dos elementos visuais 1

CAPÍTULO 2
Uma história de risco
"imagine o resultado perfeito" 35

CAPÍTULO 3
Como os desenhos transformam os negócios 53

CAPÍTULO 4
Desenhando sua estratégia de negócios em 3 atos 69

APÊNDICE A 191   NOTAS 197

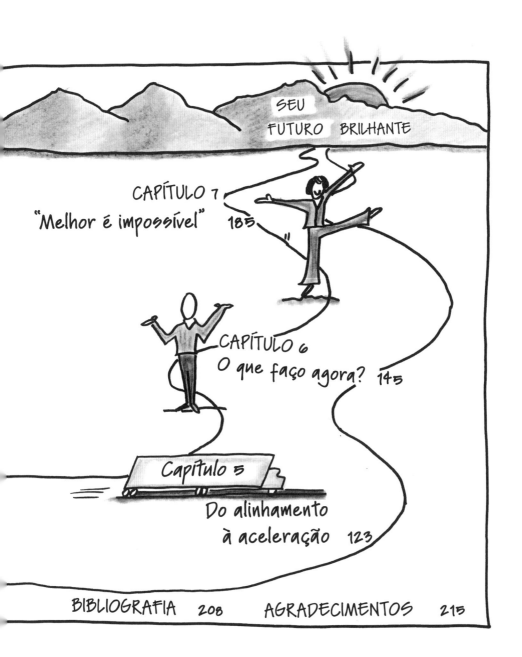

INTRODUÇÃO

Aposto que há não muito tempo você costumava pegar um lápis preto, lápis de cor ou canetinha – ou qualquer outro instrumento que lhe permitisse criar – e desenhar alegremente suas ideias num pedaço de papel qualquer. No início, o sol podia ser violeta, a grama amarela e as montanhas vermelhas, mas você sempre sabia o que aquelas imagens significavam, e, então, as desenhava de novo e de novo, página após página. Você se lembra da imensa satisfação que sentia quando compartilhava seus desenhos com outra pessoa, explicando o que havia criado enquanto a pessoa sorria e acenava com a cabeça concordando?

Quando você era jovem, as formas também o fascinavam. Seus pais ou os professores lhe pediriam para desenhar um quadrado, um círculo ou um triângulo, e você aprimoraria essas figuras do mesmo modo como aperfeiçoaria sua escrita ou o quicar da bola: você praticou muito, em várias cores, usando imagens sobrepostas e compartilhando as novas formas com seus professores, pais e amigos.

Conforme se tornou mais velho, suas ambições artísticas aumentaram. Elas já não envolviam apenas desenhos simples, mas o preenchimento de imagens com cores (você até consegue ouvir seu professor dizendo "Não ultrapasse as linhas", não é?) e outros tipos de traço, como gibis, e de formas de copiar, a partir de imagens reais, de figuras tipo "natureza morta" e até mesmo grafites. Seus desenhos até que não eram ruins, e as capas e folhas internas de seus cadernos estavam completamente cobertas com imagens, rabiscos e coisas que você desenhar, conforme escutava seus os professores falando sobre assuntos que lhe pareciam velhos, irrelevantes e não importantes. Naqueles dias, parecia que todo mundo estava desenhando alguma coisa. Meninos ou meninas, isso não importava. Como nossa música, as capas de nossos livros e os bilhetes que trocávamos com os colegas eram uma expressão de nós mesmos, e representavam pura arte.

Porém, à medida que ficou mais velho você passou a escrever menos bilhetes para os amigos, e as capas dos seus cadernos permaneceram vazias, desprovidas de cor ou imagens. As cores se tornaram mais importantes nas roupas que você usava e no modo como as usava, que nas expressões a mão livre de tudo o que você já vira ou imaginara. Isso foi ficando restrito os poucos sortudos que tiveram a oportunidade de frequentar aulas de arte ou que obtiveram diploma nessa área. Era quase como se eles fizessem parte de um clube exclusivo. Eles estavam entre "os escolhidos." Eram pessoas que tinham **"talento"** e eram **"criativas"**. Todos os demais – o que inclui você e eu – observavam aquilo com tristeza, nostalgia e, inclusive, com um pouco de inveja. Mas, afinal, o que aconteceu com a época em que todos éramos capazes de fazer aquilo? Bem lá no fundo, será que uma parte de você não gostaria de voltar àqueles tempos em que podíamos brincar com as cores, as tintas, as telas, com um pouco de argila ou até mesmo com uma câmera fotográfica?

Parece injusto que os "artistas" tenham sido separados de nós. Você nunca se achou pelo menos um pouquinho criativo? Talvez você não fosse capaz de desenhar bem, mas, de repente, tinha talento para resolver quebra-cabeças, tirar fotos, arrumar flores nos vasos, jogar bola ou contar histórias e piadas. O fato é que uma parte sua ainda está em contato com o promissor artista que se esconde aí dentro. Cabe a você criar as maneiras e as oportunidades para que ele floresça.

Realmente, quando estamos diante da possibilidade de desenhar, a maioria de nós (adultos) diz imediatamente: "Você está louco? Não consigo desenhar." Nos últimos vinte anos tenho escutado repetidas vezes essas mesmas palavras de pessoas adultas. As pessoas olham para uma página de caderno ou um pedaço de papel na parede e simplesmente entram em pânico. As mãos começam a suar e, então, elas olham umas para as outras e dizem em voz alta: "Eu realmente não consigo desenhar. Não sei o que fazer." Parece que em algum lugar do grande "livro de regras" do universo está escrito: "Você não frequentou a escola de artes nem se saiu bem nessas aulas, portanto, não é capaz de desenhar."

Sua experiência é a minha experiência. Não há nada de especial em meus desenhos. Meus pais costumam dizer que, quando ainda era adolescente, eu desenhava e rabiscava para conseguir pontos extras na escola. Minha lição de casa e os meus cadernos eram muito organizados, ilustrados e coloridos. Eu parei de desenhar e colorir quando comecei a trabalhar como faxineira em um instituto de beleza, arquivista em um escritório de advocacia, cozinheira em um restaurante *fast-food*, cozinheira assistente em restaurantes simples e sofisticados e, por fim, como confeiteira. Também trabalhei na edição de jornais médicos e ensinei ciência nas proximidades das montanhas Shenandoah, na Virgínia, e no pico das Montanhas Rochosas, em Keystone, no Estado do Colorado.

Antes mesmo de redescobrir o desenho e a imagem, tive a oportunidade de desvendar o campo da estratégia empresarial. Como diretora-executiva da Keystone Science School, em meados dos anos 1990, tive como mestres alguns dos mais brilhastes e ousados líderes empresariais do país, de companhias como DuPont, MeadWestvaco e Amoco. Líderes da Nike, da General Motors (GM) e do World Resources Institute ensinaram-me sobre desenvolvimento sustentável e responsabilidade social corporativa. Já os homens fortes de organizações e instituições como a

Ford Motor, a National Academy of Science e o Pew Charitable Trusts desafiaram-me a pensar sobre o conceito de inovação nos negócios, na educação e nos sistemas. Por meio de programas da Kenan-Flagler Business School, da Carolina do Norte, e do Daniels College of Business, na Universidade de Denver, no Estado do Colorado, experimentei em primeira mão o que acontece quando se agrega pensamento inovador a uma sólida estratégia comercial. Foi por intermédio dessas experiências e diálogos interessantes, alucinantes e desafiadores que descobri minha inclinação natural e profunda paixão por **estratégia**.

A experiência de liderar e, ao mesmo tempo, continuar aprendendo, representou um excelente treinamento em minha vida profissional. Participei de *workshops* e conferências comandadas pelos melhores representantes da área de negócios – Tom Peters, Peter Senge e Stephen Covey. Apliquei seus modelos, experimentei suas teses, fracassei, aprendi e voltei a aplicar esses modelos de maneira mais cuidadosa e construtiva. Percebendo que precisava de mais treinamento formal na área de negócios, matriculei-me no programa de MBA da Daniels College of Business, na Universidade de Denver, para conseguir meu próprio "amuleto" nos negócios. Na mesma época, conheci Janine Underhill e Patty Dobrowolski, duas cofundadoras da Alchemy: The Art of Transforming Business. Ambas eram ilustradoras estratégicas e inovadoras nos negócios, sendo assim, enquanto o diploma de MBA me garantiu formação acadêmica no setor de negócios, elas atuaram como minhas mentoras e orientadores (*coaches*), e também me apoiaram em meu aprendizado na área visual. Meu amor por estratégia me levou a considerar a possibilidade de combinar processos e modelos a figuras. Redescobri e experimentei com imagens, palavras, cores e metáforas, literalmente "desenhando" meu caminho através de um programa tradicional de MBA. Meus colegas na faculdade nunca me disseram

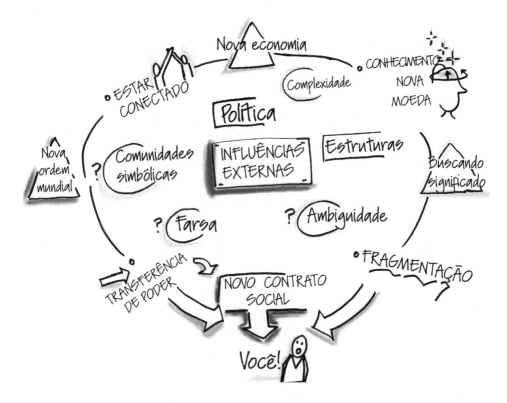

que eu não podia desenhar. Patti e Janine me ajudaram a pensar e a traduzir em imagens o que eu aprendi. Elas me perguntavam a razão pela qual eu escolhia certas imagens, como eu imaginava e como organizava as figuras no papel, e me ensinaram como incorporar uma profunda audição ao meu trabalho, de modo que eu pudesse capturar mais informação, e de maneira mais rápida e precisa. Depois de muita prática e de assumir vários riscos, comecei a acreditar que eu **era capaz de desenhar**. Meus colegas no curso de MBA ridicularizavam meus desenhos, mas, ao mesmo tempo, sentiam-se intrigados pelo que eu estava fazendo. Como eu conseguia resumir palestras de duas ou três horas de duração a apenas uma página? Porém, a despeito de sua zombaria, eles com frequência me pediam cópias das minhas **"anotações"**.

Foi então que comecei a extrapolar os livros e cadernos e expandir meus conhecimentos trabalhando diretamente com pessoas, culturas e sistemas. Passei a entender como as figuras eram capazes de ajudar a esclarecer complexidades, simplificar mensagens e conceitos fundamentais e inspirar pessoas a agir. Percebi desde cedo que, independentemente do quão "bons" fossem meus desenhos, as pessoas sempre entendiam a mensagem. Minhas imagens, simples e fáceis de colocar no papel, criavam um contexto que permitia que as estratégias comerciais criadas pelas pessoas ganhassem vida. Embora eu ainda tivesse dúvidas quanto a qualidade dos meus desenhos – será que eles alguns dia seriam "bons o suficiente"? – as equipes com as quais eu trabalhava compreendiam as imagens e consideravam as novas figuras como o equivalente a um "plano estratégico."

Para mim, a conexão entre figuras e estratégia se concretizou quando me mudei para Londres com meu marido. Brindados com uma linguagem comum, os ingleses, escoceses, galeses e irlandeses me ajudaram a **"ver"** diferentes partes de um mesmo idioma. Ao serem retratadas de forma visual, as riquezas culturais dessas quatro regiões distintas se destacavam. As figuras diziam mais sobre o modo como aquelas pessoas funcionavam, o que importava para elas e seu diversificado senso de humor, que qualquer livro ou ensaio já tenha apresentado sobre esses assuntos. A partir de minha base em Londres, tive o privilégio de não apenas encontrar pessoas de todo o mundo, mas também de trabalhar e criar junto com elas. As contribuições dessas pessoas e desses negócios continuam a me fornecer dados e também a influenciar meus pensamentos sobre figuras e estratégias, todos os dias.

Ao longo de 2012 a revista *Fast Company* escreveu sobre a *generation flux*, um grupo de empresários do qual faço parte (e uma tribo à qual me encaixo perfeitamente, diga-se de passagem). Assim como você, também já **tentei** e **errei**. Arrisque muitas vezes, sendo bem-sucedida em algumas delas; em outras, nem tanto. Aprendi a ser uma boa líder, a recuperar financeiramente uma empresa e a abrir mão de pessoas espertas e competentes. Também consegui encontrar outras pessoas iguais a mim dentro desse cenário extremamente competitivo. Já enfrentei mais mudanças que consigo me lembrar e continuo a ter sorte suficiente para criar novos programas e produtos, e assisti-los decolar.

A constante ao longo de todo o meu trabalho tem sido o uso de um bloco de desenho e uma caneta. Passei por bons e maus momentos desenhando figuras que nunca pensei ser capaz. Meu objetivo era sintetizar, simplificar e explicar o mundo em que vivia e trabalhava, sempre por intermédio de figuras, cores e palavras.

Então, pegue um papel e uma caneta. Use as formas que você conhece e ama – círculos, quadrados, triângulos e setas. **Desenhe uma figura e perceba ali o seu mundo. Você descobrirá mais possibilidades do que consegue imaginar!**

CAPÍTULO 1

O PODER DOS ELEMENTOS VISUAIS

O sol já estava nascendo no poeirento e nebuloso horizonte do sudeste de Pequim quando nosso táxi fez um retorno em "U" e parou em frente a uma construção ampla e de aparência industrial. "É aqui?" perguntou Susan, minha companheira de viagem. "Sim, de acordo com o mapa", respondi. O motorista esticou o braço para chamar nossa atenção e então apontou para o taxímetro. Claro, ele queria ser pago pela corrida, pensei. Então, vasculhei minha bolsa em busca de moedas e as entreguei a ele. Com o guia em mãos, deixamos o táxi e nos percebemos sozinhas em algum lugar de Pequim, em plena manhã de sábado.

Estávamos à procura de um famoso mercado de pulgas Panjiayuan, que comercializava antiguidades. Ele funcionava em alguma região obscura da capital chinesa, sempre aos sábados, e o mapa nos dizia que estávamos próximos do local. No ano de 2001 passamos dez dias na China. Nossa visita ocorreu pouco antes de o mundo ser completamente transformado pelo fatídico 11 de setembro. Numa pequena janela em nossa programação, aproveitamos para visitar o mercado antes de seguir viagem para Xian. O mercado de Panjiayuan é bem conhecido não somente por seu tamanho, mas também pelos produtos autênticos e pelas astutas negociações que ali ocorrem. Ele representa, ainda, uma experiência incomum para os viajantes mais intrépidos. Eu tinha certeza de que ali ninguém falaria inglês.

Mas, independentemente do quão maravilhoso o mercado pudesse ser, antes de mais nada, teríamos de encontrá-lo. Estávamos perto, de acordo com o mapa, mas, considerando que todos os nomes das ruas estavam escritos em chinês e também a aparência industrial da região, fomos pegas de surpresa. Não havia nenhuma indicação de para onde deveríamos caminhar. Seguimos em direção a um prédio cujas luzes estavam acesas e a porta aberta e, então, avistamos antiguidades. Olhamos uma para a outra, observamos o mapa e concluímos: Panjiayuan deveria estar bem do lado de fora.

Fomos até um balcão e perguntamos se alguém ali falava inglês; eles sorriram e responderam com um aceno de cabeça negativo. Peguei o mapa e apontei com o dedo o local onde o mercado **"deveria estar"**; eles sorriram, ficaram entusiasmados e começaram a falar e a apontar. Eles estavam tentando nos dar a informação, mas infelizmente não conseguíamos compreendê-los! Foi aí que peguei uma caneta, apontei para o mapa e o local, entreguei tudo a eles e acenei com a cabeça com as sobrancelhas elevadas: "Desenhe! Mostre para mim!"

Uma mulher de olhar doce pegou a caneta e desenhou uma série de setas: ao redor do prédio, descendo uma rua estreita, entrando à direita, então à esquerda e, por fim, o local desejado. Em seguida, ela nos devolveu o mapa, com orgulho por ter nos ajudado. Agradecemos – "*Xiè, xiè*" (obrigada, obrigada) –, sorrimos e seguimos rumo à porta.

Depois de caminhar um pouco chegamos a um enorme estacionamento. O local estava parcialmente coberto por longos pedaços de tecido nas cores laranja e vermelho, que, mesmo desbotados, protegiam as mercadorias do sol. Alguns itens estavam colocados sobre mesas; outros, delicadamente dispostos no chão sobre tapetes resistentes. O lugar estava atulhado de pessoas que olhavam e examinavam os artigos em exposição. Praticamente todos ali traziam consigo uma garrafa térmica decorada contendo chá verde. Nas áreas periféricas da feira ficavam os móveis maiores: guarda-roupas e cadeiras ricamente decoradas que pareciam ter sido feitas para a realeza, todas de madeira escura e detalhes em latão.

Apesar de ser ainda cedo, as pessoas já estavam engajadas nas negociações. Os compradores apontavam para os artigos e perguntavam os preços. Eu os observava enquanto davam início à obrigatória negociação intrínseca a qualquer compra chinesa, a menos que você esteja no Walmart China. Caminhamos pelos corredores, admirando os tecidos feitos à mão, os entalhes em madeira, os copos de latão e cristal, os vasos de porcelana pintados à mão, as estátuas de garças e as gravuras clássicas chinesas com letras feitas à mão, desenhos de cachoeiras ou de belíssimas jovens recatadas.

"O que você está procurando?" perguntou Susan. "O que não estamos procurando? Os artigos daqui são fantásticos – são tão belos e curiosos, mesmo quando não são antigos", respondi. Estávamos ao lado de uma área que abrigava grande variedade de gaiolas, de todos os tamanhos. Algumas eram simples, feitas de pinho ou madeira de cerejeira em tom vermelho escuro; todas ostentavam entalhes interessantes. Ao lado das gaiolas ficavam os cadeados, cada qual com sua própria combinação, chave ou mecanismos especiais de abertura. A maioria era feita de latão, mas havia alguns de madeira e outros de marfim.

Passeamos por todos os corredores enquanto os vendedores chineses nos encaravam de maneira estranha, mas oferecendo largos sorrisos. Depois de algumas horas, tivemos de nos despedir. Eu me recusei a sair de lá de mãos vazias. Por alguma razão, os cadeados que vira anteriormente não saíam de minha mente. Onde estavam eles afinal?

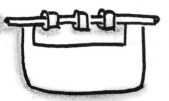

Como o estacionamento era enorme, encontrar aquela loja específica nos tomaria provavelmente uma hora ou mais.

Mais uma vez, tentei encontrar alguém que falasse inglês, mas não tive sorte. Eu caminhava para cima e para baixo, tentando relembrar meus passos, mas já estávamos ficando sem tempo. Foi então que finalmente tive uma ideia: abri a bolsa, peguei uma caneta e um pedaço de papel, e desenhei nele um cadeado.

O desenho era muito básico, mas, ainda assim, o vendedor que assistia começou a falar rapidamente, apontando para um canto isolado do mercado. Ele pegou o papel e a caneta de minha mão e desenhou uma gaiola. Eu sorri – havíamos nos conectado! Então ele me levou ao local, mostrou meu desenho ao dono e todos começamos a rir da situação. Fiz a compra que queria, com toda a negociação esperada, e saí do mercado.

Essa história não é exclusiva; muitos de nós já viajamos para lugares sem necessariamente conhecer e falar o idioma local. Utilizamos sinais, gestos, pantomima e outros métodos visuais para transmitir emoção, comunicar, conseguir o que queremos e até buscar ajuda. Ironicamente, temos feito isso há séculos. A habilidade do ser humano para se **comunicar** de **modo criativo** e compreender-se mutuamente não começou pela **linguagem falada**, mas com as **imagens**. Os artefatos que vemos hoje, deixados no interior de cavernas espalhadas por todo o mundo, são histórias especiais que foram transmitidas entre as gerações. Vivências do dia a dia provavelmente foram desenhadas na areia com a ajuda de um galho ou de uma pedra. Em seu artigo: *Better Learning and Expressing of Learning Throught Visual Literacy* (*Melhor aprendizado e expressão do aprendizado por meio da alfabetização visual*), o professor Harry G. Tuttle, da Universidade de Siracusa, em Nova York, diz: "Nossos ancestrais das cavernas eram alfabetizados na linguagem visual; a vida deles dependia de quão bem eram capazes de ler o mundo ao seu redor."

Será que o mundo em que vivemos é diferente? Não **e** sim. Digo que não pelo fato de ainda "lermos" o mundo a nossa volta utilizando comunicação visual. Pistas e comunicação visuais são indicadores importantes também nos negócios.

Há sinais de que as pessoas concordam: clientes desejam um produto e os funcionários acolhem um conceito e uma estratégia.

Sim, o mundo está diferente no século XXI. O acesso à tecnologia, o surgimento de populações mais afluentes em todo o planeta e a globalização afetaram profundamente o modo como vemos, lemos e lidamos com o mundo ao nosso redor. O número de pessoas que diariamente viajam e trabalham de maneira virtual nas mais variadas geografias e culturas cresceu a uma taxa meteórica. Considerando a globalização do mercado, o mundo de hoje exige agilidade na linguagem e consciência cultural.

No entanto, a despeito do melhor que o mundo tecnológico possa nos oferecer, ainda **não** encontramos maneiras inovadoras de nos comunicar ou de eliminar barreiras de linguagem. Porém, imagens e figuras ajudam as pessoas a discutir e a concordar sobre estratégias e *design* de produtos. Elas também ajudam indivíduos e equipes de trabalho a pensar, explorar e articular maneiras de alcançar o sucesso, assim como a compreender o que é necessário para se colocar a estratégia definida em prática. Embora o idioma inglês seja uma linguagem padrão no mercado mundial, figuras podem ser abraçadas universalmente e usadas por qualquer pessoa, de qualquer nível hierárquico. Imagens podem levantar questões culturalmente sensíveis, sutis e, inclusive, controversas. Elas nos oferecem o pano de fundo e o cenário para que possamos nos concentrar nas barreiras para o sucesso organizacional. No final de um dia de trabalho, de um trimestre ou ano fiscal, equipes e seus líderes podem usar figuras para conduzir diálogos significativos e relevantes sobre risco, recompensa, metas e sucesso.

Este livro **defende** o **uso deliberado** de **figuras e imagens** simples feitas à mão no desenvolvimento de estratégias de negócios, para transformar o modo como tomamos decisões, trabalhamos em conjunto e, por fim, alcançamos resultados. **Mas, então, como o melhor uso de imagens poderá nos ajudar nisso?**

Como no caso do mapa e do guia que usei para descobrir o caminho para o mercado de antiguidades, um quadro demonstrando em que sentido o empreendimento está caminhando é extremamente útil. O mapa de uma cidade ou bairro nos permite visualizar o local onde estamos e também o lugar aonde vamos. Em geral, existem vários caminhos para se chegar a um destino, e um mapa pode nos ajudar a selecionar a rota mais direta ou o caminho mais bonito. O mesmo ocorre quando desenhamos um quadro de nossa estratégia de negócios.

Uma imagem contém suas ideias, descreve as ferramentas que você usará e indica quem fará o trabalho. Como um mapa que traz pontos turísticos, cruzamentos e estradas, sua estratégia comercial visual pode ajudar os membros de sua equipe a perceber as condições do negócio com base na informação que eles compartilham e naquilo que é desenhado. Conforme a equipe compartilha informações sobre finanças, produtos e sucesso do cliente, figuras simples, até rudimentares, e metáforas são usadas para retratar tais coisas. À medida que os membros da equipe discutem o que eles desejam que a empresa alcance, e de que modo acham que podem chegar lá, toda a estratégia é revelada, não apenas uma porção dela. Ao ver o quadro completo, equipes podem fazer escolhas sobre que direções tomar e porquê – como escolher a rota, em uma viagem de carro, por belos cenários ou por uma estrada mais reta cruzando o país. Figuras e imagens ajudam a iluminar as escolhas disponíveis e auxiliam a equipe a determinar o melhor caminho para alcançar o resultado desejado. Uma vez que as figuras engajam a imaginação, vários cenários de negócios podem ser criados e avaliados de maneira rápida e fácil. Rotas diferentes produzem resultados distintos. Juntos, os membros da equipe podem examinar mais facilmente e avaliar a situação tendo resposta para a questão: "Se fizermos isso, o que irá acontecer?" A equipe e a alta administração da empresa podem escolher, a partir de um conjunto de figuras, aquela que irá oferecer a melhor estratégia e imagens do caminho para se atingir resultados.

Outra maneira pela qual as imagens podem nos ajudar a alcançar grandes resultados nos negócios é por meio do esclarecimento de questões e da identificação de problemas que possam estar bloqueando nosso sucesso. Com o advento dos sistemas de navegação por satélite e GPS (*global positioning system*), temos a possibilidade de planejar uma rota, identificar onde estamos em relação a ela e descobrir se existe algum bloqueio ou engarrafamento que venha a nos impedir de chegar ao destino final. Com a ajuda desse guia visual, temos a chance de escolher outra maneira que nos permita evitar obstáculos indesejáveis. Sentimo-nos mais no controle de nossas escolhas porque podemos visualizá-las.

Figuras de uma estratégia ou processo comercial nos permitem observar vários aspectos do negócio, tudo em um único lugar. Elas nos mostram o "quadro completo" e identificam exatamente onde estamos. Essas imagens também mostram detalhes suficientes para que possamos compreender onde "saímos da rota" ou ficamos presos em um "engarrafamento", sem sequer nos darmos conta disso. Identificar problemas em uma multinacional cuja administração é complexa é um grande desafio. Há inúmeras variáveis a se considerar – diferentes regiões do mundo, cronogramas de produção, culturas, indivíduos e, inclusive, variadas formas de comunicação. As figuras mostram a essência, o contexto e o conteúdo relevante do negócio. Elas não representam uma lista do que é bom, ruim ou feio. Ao contrário, elas são a síntese de um sistema completo, que engloba grande número de partes, peças e relacionamentos. Este tipo de síntese visual mostra as conexões entre essas diferentes peças, tornando muito mais fácil para as equipes identificar fatores de sucesso, áreas de interesse e barreiras que impedem o progresso e o sucesso.

As imagens também funcionam como um catalisador para o **envolvimento** e o **comprometimento** da equipe. Pense no que acontece quando você retorna de um período de férias e compartilha suas fotos *on-line*, no Facebook ou por meio de algum serviço de compartilhamento de arquivos. As pessoas fazem perguntas sobre onde você foi, onde se hospedou e quanto tempo ficou. Elas comentam sobre os locais que elas próprias visitaram nas suas férias ou sempre quiseram conhecer, e então lhe perguntam coisas como: "Foi muito difícil se locomover no lugar?" ou "O que você comeu lá?"

Elas veem os moradores locais que você conheceu e também os viajantes com quem compartilhou a jornada. Histórias da viagem emergem à medida que imagens variadas desencadeiam diferentes recordações. As pessoas se envolvem com as fotos e sentem como se estivessem lá, junto com você. Elas se colocam no seu lugar e praticamente vivenciam as mesmas experiências. O fato é que essas fotos inspiram e envolvem os espectadores. Elas representam para eles uma ruptura com o **"mundo real"**.

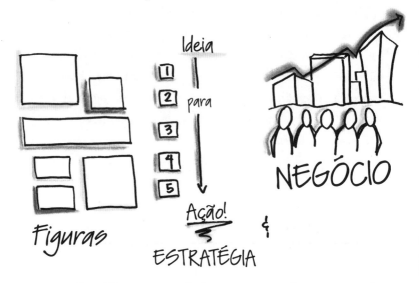

Considere o que poderia acontecer se, do mesmo modo que publica as fotos de suas viagens, você compartilhasse a imagem de uma estratégia de negócio, com os integrantes de sua equipe ou com todos os funcionários de sua empresa. As pessoas apreciam esse tipo de história e engajamento visual, particularmente se elas já estavam lá quando as "fotos" foram tiradas. É **emocionante** visualizar uma estratégia de negócio projetada e construída por todos de uma equipe. As imagens, cores e metáforas funcionam da mesma maneira como as fotos de viagem – nesse caso, os membros da equipe relembram o que foi discutido, o que precisa ser mudado no trabalho que realizam e quais ações serão necessárias ao longo do caminho. Eles são capazes de apontar os lugares exatos onde cada pessoa "se integrou à equipe" para se concentrar em uma parte diferente do plano. Conseguem dizer quem é **responsável** pelo quê e quais compromissos foram assumidos. Além disso, também compartilham o que sabem, o que os deixa animados em relação ao projeto e qual seria para eles o "próximo passo". Ao ajudar a criar um visual que mostra exatamente aonde cada pessoa está indo, quais serão os resultados e como eles serão alcançados, a imagem estratégica da empresa envolve, motiva e alinha todas as pessoas da equipe.

Em última análise, **retratar** sua estratégia de negócio pode agilizar a comunicação. Podemos simplificar e clarificar as ações e atividades-chave e, ao mesmo tempo, criar novas eficiências. Com as informações corretas e a participação da equipe, as imagens revelam oportunidades e transformam a qualidade e os resultados de suas decisões. Tornar isso uma realidade não é tão difícil como se poderia imaginar. Precisamos aproveitar a nossa capacidade de pensar em imagens. Já contamos com essa capacidade e confiança em nossa infância, porém, à medida que nos tornamos mais velhos, trocamos a linguagem visual por caracteres que formam nossas tradições orais e escritas.

BACKGROUND: FIGURAS, ESTRATÉGIA E NEGÓCIOS

No início, havia figuras...

As crianças pensam e processam cognitivamente as fotos antes mesmo de serem capazes de falar. Isso ocorre porque a linguagem, no cérebro, é uma função cognitiva mais avançada. O conjunto de sentidos desempenha papel per-

feito nas habilidades de uma criança processar e "ler" o mundo ao seu redor. Com sentidos aguçados, os cheiros, os paladares, as cores e os sons se associam a formas e cores. Conectamos essas imagens à entrada sensorial e, no final, com repetição contínua, crianças e adultos as associam a palavras.

Pense nos livros de figuras que você tinha quando criança ou que você usa com seus filhos. Eles existem por uma razão – conectar imagens, texturas, sentimentos, cores e formas a palavras. Livros de figuras para crianças têm aplicação global. Entre em alguma livraria ou biblioteca de qualquer cidade do mundo, de qualquer país, e você encontrará livros com figuras simples. Eles são coloridos e oferecem imagens fáceis de entender, que podem ser rapidamente conectadas à linguagem e à cultura do indivíduo. Imagens (ícones) que são associadas a palavras por meio da repetição tornam-se familiares para as crianças. Conforme o cérebro continua a desenvolver suas habilidades em termos de linguagem – habilidades essas que são encontradas em uma área denominada **área de Broca**[1] – continuamos a conectar imagens a palavras e, posteriormente, a frases e parágrafos completos. É aí que nasce a linguagem.

À medida que amadurecemos, as linguagens escrita e oral ganham espaço e os "livros de figuras" de nossa infância dão lugar a publicações com 200 a 800 páginas, a maioria delas desprovida de imagens ou figuras. Ironicamente,

---

1 – Parte do cérebro humano responsável pelo processamento da linguagem, produção da fala e compreensão. O nome é uma homenagem ao médico, cientista, anatomista e antropólogo francês do século XIX, Paul Pierre Broca. (N.T.)

"Os alunos de hoje são visualmente alfabetizados dentro do seu próprio mundo de 'imagens eletrônicas,' que inclui TV, *videogames* e Internet. De fato, eles querem ser visualmente alfabetizados em uma forma de aprendizado que é muitas vezes desprovida de recursos visuais", lamenta o professor Harry Tuttle. Nosso desejo de continuar a usar imagens juntamente com palavras tem contribuído para o aumento da popularidade dos romances gráficos. Enquanto as figuras e os ícones nos ajudam a "ler" o mundo adulto, as imagens, enquanto estilo de aprendizagem – **visual, cinestésico** e **auditivo** –, se tornam marginalizadas em favor de textos escritos e palestras em aulas e reuniões. As palavras dominam nossa vida, enquanto as imagens fornecem informações suplementares.

No entanto, de acordo com o Departamento do Trabalho, Segurança Ocupacional e Administração da Saúde (OSHA), dos Estados Unidos da América (EUA), "pesquisadores educacionais sugerem que aproximadamente **83%** da aprendizagem humana ocorre **visualmente**; os outros 17% englobam todos os demais sentidos – **11%** pela **audição**; **3,5%** pelo **olfato**; **1%** pelo **paladar** e **1,5%** pelo toque." O estudo sugere ainda que "três dias após um evento, as pessoas retêm **10%** do que ouviram em uma apresentação oral, **35%** do que viram em uma apresentação visual, e **65%** do que viram e ouviram em uma apresentação combinada (**visual + oral**)." A maioria da população aprende usando figuras e imagens, sendo assim, por que não operamos em um nível mais visual dentro das empresas em que trabalhamos? Por que não usar figuras para fechar a lacuna entre o envolvimento dos funcionários e o desempenho nos negócios? Será possível usar figuras e imagens para fazê-lo?

Mas onde foram parar todas as imagens?

Ótima pergunta. Diariamente somos bombardeados por mensagens de *marketing*, pela mídia e por efeitos visuais, portanto, não podemos dizer que estamos totalmente carentes de qualquer tipo de comunicação visual (felizmente). Essas imagens são entregues a nós em alta resolução (HD), em ângulos, curvas e/ou tudo colorido. Nós consumimos essas imagens e então nosso cérebro reúne todas elas, processa as partes interessantes, determina algum significado e **descarta** a maior parte do material, retendo somente aquilo que se revela agradável e relevante para nós. Para a maioria das agências publicitárias e departamentos de *marketing*, repetir essas mensagens visuais é o processo padrão – quanto mais vemos e ouvimos uma determinada mensagem, mais desejamos o produto e/ou serviço divulgado por ela. Isso representa o uso comercial e externo ao consumidor de figuras e imagens. Parece que essa abordagem usada com o "consumidor" poderia perfeitamente fazer sentido dentro das organizações. Por este ângulo, poderíamos usar as figuras e imagens para descrever, explicar e vender uma estratégia. Um campo em que é possível ver fotos na área de negócios é justamente na explicação de modelos de negócios. Essas são utilizadas pelas organizações para explicar certos aspectos financeiros, organizacionais e estruturais do empreendimento.

Desde o advento da Revolução Industrial, acadêmicos e profissionais da área de negócios criaram esses modelos como uma maneira de interpretar, entender e, inclusive, prever como as empresas irão operar sob condições específicas. O campo da estratégia tem muitos modelos e métodos bem desenvolvidos capazes de ajudar as equipes e os líderes empresariais em todas as fases do desenvolvimento estratégico. Embora a explicação de como esses modelos devem ser usados seja mais frequentemente detalhada na forma de texto, duas perguntas parecem válidas: 1ª) Por quê? e 2ª) Qual poderia ser o resultado de uma análise produzida a partir de imagens simples e de fácil compreensão pelo leitor, que ainda poderiam explicar o próprio funcionamento do modelo de trabalho? E basta uma única imagem simples. Na obra *The Decision Book* (*O Livro das Decisões*), dos autores Mikael Krogerus, Roman Tschäppeler, Philip Earnhart e Jenny Piening, cinquenta modelos de pensamento estratégico são resumidos e visualmente retratados. Cada um desses modelos traz uma imagem agregada e oferece ao leitor uma visão geral do seu funcionamento. Veja a seguir alguns exemplos:

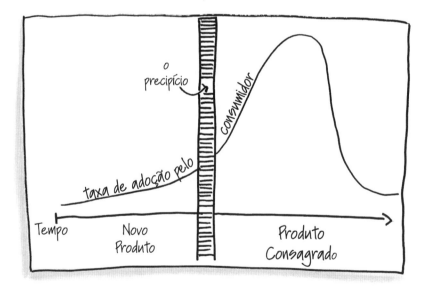

Sim, as palavras estão lá. Mas elas servem para ancorar conteúdo relevante e um contexto que facilita o uso do modelo visual. Se estivermos vagamente familiarizados com os modelos, a imagem nos ajuda a recordar os passos, o formato e também o resultado. É a combinação de elementos verbais e imagens que ajuda nosso cérebro a discernir o modelo, o processo e a figura corretos para o desafio empresarial que estamos tentando compreender e/ou resolver. A combinação de imagens e palavras é a chave para retratar sua estratégia de negócios, como será explorado ao longo deste livro. Vejamos primeiramente como esses modelos estratégicos (específicos) podem ser utilizados sem imagens.

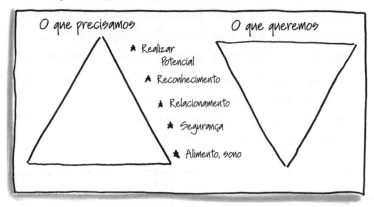

Extraído de: *The Decision Book* (O Livro das Decisões), dos autores Mikael Krogerus, Roman Tschäppeler, Philip Earnhart e Jenny Piening. Copyright© 2008 por Kein & Aber AG Zurick. English Translation copyright © 2011 por Jenny Piening. Uso com permissão da W.W. Norton & Company, Inc.

Líderes empresariais e professores de programas de MBA poderiam argumentar que esses modelos são apenas **teorias** – maneiras de pensar sobre o seu negócio e garantir que você esteja considerando todos os ângulos da concorrência de mercado, desde oportunidades para o produto até ameaças à lucratividade e pontos fortes no desempenho. Quando as empresas usam esses modelos, os resultados geralmente aparecem na forma de uma **apresentação** – uma longa lista com todas as informações impressas e colocadas em uma pasta gigante, juntamente com um conjunto de *slides* com todas as descobertas e um resumo do trabalho. A pessoa, a equipe e/ou os consultores internos que conduziram a análise apresentam oralmente sua interpretação dos resultados para a gerência, com pouco apoio na forma de figuras ou imagens.

Como líder empresarial, quando recebia esses tipos de análise, raramente via o modelo visual aplicado – embora muitos deles tivessem sido inicialmente desenhados para demonstrar como poderiam ser usados e que tipos de dados seriam obtidos a partir dos resultados. Além disso, uma vez que os resultados eram apresentados, não fazia muito sentido distribuí-los por toda a empresa para discuti-los e observar a reação dos empregados. As perspectivas e/ou percepções da alta administração também ficavam de fora. Essas apresentações poderiam até ser colocadas na Intranet da empresa para que os funcionários pudessem acessá-las e analisar os dados, mas raras são as vezes em que uma equipe ou divisão se reúne para discutir o que pôde ser colhido desse tipo de análise. As pessoas dentro da organização nem sempre são consultadas em relação a suas opiniões ou a seus pensamentos quando o modelo de negócio é aplicado. Elas podem, portanto, não estar familiarizadas com ele, então, quando veem os resultados pensam: "Quem criou esse modelo? Esta não é a minha experiência. O que isso tem a ver com o que eu faço todos os dias?"

Uma vez que não vemos os resultados nem os discutimos com nossos colegas, as ideias pertinentes ao nosso trabalho se transformam em algo genérico que não se aplica a ninguém em particular, e não funciona para nós. Empregados consomem a mensagem, mas descartam-na imediatamente porque há pouca relevância para eles. A própria mensagem é unidimensional. Não há nada que sirva de lastro para os resultados obtidos e/ou as recomendações necessárias ao cérebro, nem emocional nem visualmente. Aprendemos quanto retemos quando somos expostos a uma apresentação oral: três dias após essa apresentação, guardamos **10%** dela em nossa mente. **Mas o que acontece uma semana depois?** Como podemos esperar que as palavras transmitam a urgência de se fazer mudanças organizacionais? Queremos que nossos empregados prestem atenção, e precisamos disso, porém, lhes oferecemos mensagens que não significam nada específico para eles. Isso ocorre pelo modo como essas mensagens são apresentadas. As pessoas provavelmente estão ouvindo, mas ninguém se lembra do que está sendo dito.

Modelos estratégicos são aplicados para se desenvolver um plano a fim de que a empresa siga em frente. Esses modelos podem nos ajudar a selecionar o caminho certo para alcançarmos a transformação desejada, atualizarmos nossa abordagem e compreendermos melhor uma oportunidade que se apresente. O que poderia acontecer se, em vez daquela gigantesca pasta repleta de palavras, uma ou duas imagens simples fossem combinadas a algumas palavras-chaves que fossem capazes de atrair a atenção dos funcionários? E se essas imagens estivessem associadas a todo um conjunto de outras imagens especificamente desenhadas para engajar cada colaborador e oferecer a ele um senso de urgência e também de direção? Será que as coisas mudariam? Mas existem outros "hábitos empresariais" que se colocam entre nós e nossa estratégia visual. Vejamos quais são eles para que possamos reconhecê-los e compreendê-los. Uma vez que consigamos entender quais são os obstáculos, estaremos em uma posição melhor para agir. Teremos uma sensibilidade mais atual – do século XXI – que nos ajudará a construir um plano que 1º) inclua outras pessoas, 2º) seja memorável para todos, 3º) facilite nossa visualização de para onde os negócios estão

indo e de que modo e 4º) nos dê garantia de que as mudanças ocorrerão e trarão bons resultados.

Hábitos organizacionais ruins ou armadilhas na solução de problemas

Você já reparou que podemos passar minutos, horas, dias ou até uma vida inteira discutindo e tentando entender a razão pela qual algo não funcionou e um projeto fracassou? Nesse caso, estamos buscando a **"causa-raiz"** do problema. (Pense em todas as análises que são feitas após as eleições, ou depois de algum desastre nacional.) A **análise de causa raiz**, um popular método de estratégia de negócios, sustenta a ideia de que se pudermos chegar ao cerne do problema, a solução de algum modo nos será revelada. Se conseguíssemos cavar fundo o suficiente, nós (os cavadores que buscam identificar o problema) encontraríamos a resposta que "consertaria" o problema.

Nas eras industrial e tecnológica, análises de causa raiz funcionavam e, em alguns casos, ainda são úteis. Trata-se de uma abordagem linear, metódica e mecânica para identificar um elo mais fraco e repará-lo. O ***Six Sigma***[2] e outras ferramentas de avaliação de eficiência já fizeram muito para aprimorar a eficácia nas áreas de manufatura, exploração de recursos naturais e entrega de produtos utilizando essa abordagem. As soluções são ordenadas, organizadas e estão

---

2 – Trata-se de um conjunto de práticas originalmente desenvolvidas pela Motorola para aprimorar de maneira sistemática todos os processos, erradicando quaisquer defeitos. Diferentemente de outras formas de gerenciamento de processos, o *Seis Sigma* prioriza a obtenção de resultados, atuando de maneira clara e planejada. (N.T.)

contidas nos departamentos em que os problemas ocorrem. O processo é capaz de identificar o obstáculo de modo produtivo e corrigi-lo assim que isolado.

Infelizmente, o que funcionou no **passado** não irá necessariamente funcionar no **presente** e no **futuro**. O fato é que esse tipo de abordagem já reduziu os resultados no novo ambiente que surge diante de nós, em constante mudança. Em seu livro *Éramos Nós: a Crise Americana e Como Revertê-la*,[3] os autores Thomas L. Friedman e Michael Mandlebaum, entrevistam Curtis Carlson, CEO da SRI International. A SRI é uma empresa conhecida por ser uma verdadeira **"fábrica de inovações"**. Ela se dedica a várias áreas, "desde educação até energia limpa e segurança nacional". Carlson explica: "Nos dias de hoje, poucos problemas podem ser resolvidos por uma única pessoa com suas próprias habilidades (...) Cada vez mais, as inovações que vêm de cima para baixo, embora ordenadas, se revelam estúpidas. Em contrapartida, inovações que seguem o sentido contrário, de baixo para cima, são mais inteligentes, apesar de desorganizadas."

A análise de causa raiz se concentra primariamente em uma "raiz" única – àquele elemento específico que pode ser modificado e atualizado a fim de promover mudança significativa e valorosa para todo o processo. Todavia, é bem possível que não se trate de uma raiz única (causa), mas de uma série de raízes (causas), e que existam, portanto, várias questões provocando um problema maior. Essas raízes também podem estar em diferentes níveis do sistema e ainda conectadas a outras. Como um gigantesco cordão que conecta todo umsistema, quando se puxa de um dos lados, os demais pontos de conexão também são afetados. **Como é possível compreender a dinâmica de sistema re-**

---

3 – Companhia das Letras, 2012. (N.T.)

pleto de camadas (níveis)? Atualmente, essa abordagem de "uma pessoa" ou o enfoque de uma "causa (raiz) principal" simplesmente já não nos oferece o que precisamos para resolver o problema de modo efetivo. A complexidade e as dimensões dos problemas e das oportunidades que enfrentamos atualmente demandam diferentes maneiras de se enxergar todos os aspectos envolvidos.

Em segundo lugar, pesquisas na área de **investigação apreciativa** na Case Western University descobriram que, quanto mais se cava para solucionar um problema, e quanto mais o buraco se aprofunda, mais informações descobrimos. Isso torna o problema menos claro, mais complicado e, desse modo, mais **confuso**. Em vez de nos oferecer a clareza e o direcionamento desejados, uma quantidade excessiva de informação nos faz cavar ainda mais fundo porque acreditamos que uma quantidade maior de informação nos levará a uma solução. Lembre-se: na análise de causa raiz estamos em busca de uma única resposta. Em nossa tentativa de chegar a essa causa única, desconstruímos cada ângulo da situação para compreendermos o que provocou a diferença entre o que esperávamos e o que de fato aconteceu. Nosso desejo é genuíno e compreensível, mas, ao mesmo tempo, maldirecionado. A quantidade de informações que trazemos à tona complica ainda mais a distinção entre o que é relevante e o que pode ser descartado. O problema é que tememos a possibilidade de desconsiderar algo valioso que possa abrigar a solução para o problema, então simplesmente mantemos tudo o que descobrimos. Ficamos, então, paralisados pela análise, e acabamos nos sentindo empacados e incapazes de seguir adiante.

A armadilha do cérebro reptiliano

Conforme somos solicitados por nossos chefes ou por outras pessoas a solucionar um problema ou propor uma saída, sentimos a pressão recair sobre nossos ombros. Nesse momento, ficamos sobrecarregados por expectativas e pelo medo do fracasso. Nosso humor, nossas atitudes e nossa disposição são prejudicados à medida que nos concentramos em descobrir a resposta "certa" e/ou "única" para o problema. Conforme ficamos mais preocupados com as consequências de um possível fracasso, o campo de opções e o conjunto de elementos que estamos dispostos a considerar se estreitam – de **modo significativo**. Nesse estado, temos uma leve sensação de pânico e sucumbimos à parte do cérebro que controla nossos **instintos básicos**, que envolvem o medo – será que devo **fugir**, **lutar** ou **congelar**? Nessa condição, estamos menos propensos a fazer perguntas, a demonstrar otimismo ou até curiosidade. Somos vistos como indivíduos **temperamentais**, **frustrados** e **impacientes**.

A base do cérebro, à qual os cientistas comumente se referem como **tronco cerebral**, exerce influência significativa sobre nosso comportamento **físico**, **emocional** e **psicológico**, e é chamada de gânglio basal ou **"cérebro reptiliano"**. Foi essa a parte do cérebro que ajudou nossos ancestrais a sobreviver, sinalizando para eles o momento correto para correr, lutar ou simplesmente congelar. Porém, apesar das condições ambientais que produzem estresse no

ser humano terem mudado bastante – agora, em vez de tigres, somos confrontados por uma gama de preocupações profissionais crônicas –, nosso cérebro reptiliano não alterou o modo como reage ao estresse. Ele solicita ao nosso sistema endócrino que bombeie adrenalina e, assim, nos prepare para encarar o desafio com o medo, que nos é natural.

O medo é uma emoção poderosa e, ao mesmo tempo, desestabilizadora – para dizer o mínimo. No passado distante, o encontro dos seres humanos com seus medos era constante, mas efêmero. Ou sobreviviam mais um dia ou não. No ambiente de trabalho do século XXI, não é incomum que as pessoas vivam em estado de pressão e ansiedade por vários dias, semanas, meses e até anos. Os dados são claros a respeito das consequências emocionais e físicas desse estado permanente de desconforto. Não podemos sustentá-lo por longos períodos, pois isso acaba gerando efeitos negativos no indivíduo, na equipe e também na empresa.

A armadilha do cérebro reptiliano nos impede de ver o problema pelo que realmente é (seja ele simples ou complexo, não importa). Nosso cérebro organiza informações e dados de uma maneira que se torne familiar e, assim, alivie nosso pânico. Esse padrão comportamental nos impede de conectar novos dados àqueles mais antigos e de perceber novos padrões que possam nos levar a algum tipo de solução. O medo é contagioso – ele opera nas equipes do mesmo modo que no indivíduo. Com o tempo passando, não se consegue realizar o trabalho, o que promove o medo e o desespero.

A armadilha de se "buscar ajuda externa"

Com a energia da equipe se esvaindo rapidamente, a fadiga se estabelece. Algumas pessoas já descreveram esse estado como um sentimento de desorientação e confusão. O verdadeiro desespero pode tomar conta de todos, e o grupo pode sentir que alguém de fora será capaz de visualizar a situação por uma perspectiva diferente, e, assim, revelar elementos que não foram percebidos anteriormente pela equipe. É possível que essa pessoa de fora consiga, inclusive, identificar o problema, já que todos os participantes do time estão próximos demais dele, ofuscados. De fato, indivíduos que estão longe de um problema, em geral, conseguem "enxergar" coisas que não conseguimos ou que não queremos ver.

Pessoas de fora também conseguem trazer consigo um fluxo de energia extra capaz de ajudar na solução dos problemas de uma companhia. Quando adentram a empresa munidos com suas análises, seus modelos e processos, os consultores administrativos podem até parecer super-heróis ou grande sábios. Eles são inteligentes ("Talvez saibam algo que eu não sei"), não fazem parte da empresa ("Talvez eles consigam ver o que não estou vendo") e podem custar muito caro ("Eu sei que eles encontrarão a resposta!"). Eles se tornam a luz em meio à escuridão que se formou em nossa busca por alternativas e respostas. Eles são os "grandes gurus".

Como consultora, corro o risco de perder o respeito daqueles a quem mais admiro, mas alguém precisa dizer isso: a ideia de que uma pessoa de fora é capaz de entrar em uma organização que ela só conhece de modo periférico e superficial, e, em um período de tempo relativamente curto, **"resolver o problema"** ou **"criar uma solução"** é **absurda**, e todos sabemos disso.

É fato que as empresas sempre poderão se beneficiar do conhecimento (*expertise*) e da perspectiva diferenciada de profissionais externos. Em geral, eles afirmam que o problema é complexo e, às vezes, solicitam mais informações

CONSULTOR ADMINISTRATIVO

ou dados diferentes. Eles recomendam algumas soluções e fazem perguntas que são novas para o grupo. Eles injetam um novo modo de pensar e energia no processo. Consultores externos também nos ajudam a "ganhar algum tempo" e aliviam nossos medos mais profundos de não sermos espertos e eficientes o suficiente para ocuparmos nosso cargo. Então, com o relatório do consultor nas mãos, pagamos a fatura e nos aprofundamos na análise de cada palavra contida no documento para descobrir algo sobre o qual ainda não havíamos pensado ou que não tínhamos tentado.

No final, nos encontramos exatamente onde estávamos: sozinhos com a nossa equipe e tentando solucionar um problema. Essa armadilha, embora de fato apresente novas e diferentes informações e proporcione mais tempo à equipe, é custosa, requer mais supervisão e tempo gerencial e pode, inclusive, afastar membros da equipe que se perguntam por que razão pessoas externas tiveram de ser contratadas afinal. A pressão para encontrar uma solução ainda persiste, e precisamos continuar buscando meios de resolver a situação.

A armadilha da tecnologia

Com um enorme relatório nas mãos, mas poucas respostas definitivas, líderes e suas equipes se sentem desesperados para encontrar uma solução, ou, pelo menos, um caminho que os leve a algum lugar. Os empregados ainda querem ser parte da solução, não do problema, então os membros do grupo voltam às análises, às informações e a outros instrumentos cujo objetivo é ajudar a identificar problemas e inspirar soluções. A equipe avalia o próprio comportamento a fim de ultrapassar os limites, considerar novas maneiras de observar o problema e trabalhar de maneira ainda mais firme.

Porém, os membros desse grupo ainda têm outras responsabilidades no trabalho e a demanda do tempo de todos torna-se elevada. Quem tem tempo de acrescentar mais uma tarefa à própria agenda sobrecarregada e ao ritmo de trabalho acelerado na empresa? Nesse momento os membros da equipe tornam-se frustrados e seu estado de espírito fica abalado. Pessoas que, no início do processo, possuíam algumas ideias sobre como resolver o problema, agora se sentem marginalizadas. Pessoas que gostam de verificar cada tarefa realizada e seguir adiante se sentem confusas e embaraçadas. A pressão por "respostas" por parte das lideranças sênior ainda está lá, afinal, dinheiro foi investido na busca por uma solução, reuniões estão sendo realizadas a portas fechadas e todos estão no limite.

Como líderes de equipe, observamos e sentimos tudo o que está ocorrendo ao nosso redor. Sentimo-nos solitários e indefesos. Tentamos, mas fracassamos, então retrocedemos. O mesmo ocorre com os demais membros da equipe. Eles sentem o fracasso e a exasperação, e se afastam uns dos outros. Param de conversar e de se engajar com os colegas. Sentem como se todos estivessem esperando que o outro proponha uma solução. Todos sentem o peso da responsabilidade pelo desempenho coletivo. De fato, as pessoas esperam poder pensar em algo, porque 1º) não podem aceitar a ideia de decepcionar os demais e, sendo bem honestas, 2º) não veem a hora de poder prosseguir com o trabalho, mantendo seu emprego e seu papel na empresa.

Então, em um último esforço, nos voltamos para a tecnologia em busca da resposta. Isso faz pleno sentido para o nosso cérebro empresarial. Nos negócios, soluções tecnológicas para problemas persistentes já foram encontradas no passado. Histórias sobre soluções tecnológicas capazes de "salvar o dia" são comuns e já fazem parte do modo como pensamos em resolver problemas. "É melhor, mais rápido, mais barato." A tecnologia também é acessível no ambiente empresarial. Nós a utilizamos para nos comunicar, nos manter informados, criar produtos e conversar com o mundo sobre o que fazemos. Diante dessa interface e desse acesso universal, esperamos que ela seja capaz de elucidar os problemas que enfrentamos e ajudar a produzir soluções para eles.

As novas e emergentes maneiras de se trabalhar e de se comunicar (via mensagens de texto, *smartphones*, Skype, videoconferência, *e-mail*, Facebook, Ning, SharePoint, GoToMeeting, e por aí afora) são ótimas ferramentas, e também excelentes distrações. Em seu livro *Cinco Faces de um Gênio: Como Descobrir e Desenvolver a Genialidade Humana*,[4] Annette Moser-Wellman se refere aos *e-mails* e a outras distrações desse tipo como **"soníferos administrativos"**. Ela prossegue desafiando nosso pensamento em relação à armadilha da tecnologia: "Para que a imaginação leve à implementação, precisamos nos livrar da tecnologia. (...) Use sua cabeça, não o teclado" para se comunicar. "Perdemos mais tempo tentando enquadrar nossos pensamentos dentro de parâmetros do *software* do que gastaríamos para escrever no papel nossos pensamentos. Não deixe que o computador domine seu processo criativo", enfatizou Annette Moser-Wellman.

Apesar disso, os facilitadores tecnológicos dominam os negócios. Estamos mais conectados e plugados uns nos outros e no trabalho que em qualquer outra época. Esses facilitadores, entretanto, tornam mais difícil para as pessoas

---

4 – Editora Alegro, 2001. (N.T.)

serem eficientes, produtivas e se manterem energizadas. Quando o ambiente de trabalho está confuso e o nível de tensão elevado, nossos mecanismos tecnológicos nos oferecem a distração e o escape ideais. Acabamos nos refugiando em nossas redes sociais e virtuais, surfando na Internet, conversando *on-line* e jogando com pessoas de todas as partes do mundo. Isolamo-nos de nossos colegas e também do problema, colocando mais distância entre nós e uma solução possível.

O fato é que, enquanto equipe, estamos perdidos. Não necessariamente concordamos com a causa raiz do problema, e não conseguimos encontrar uma solução, nem de modo individual nem coletivo. Considerando a fadiga, a frustração e a falta de comunicação e de conexão generalizada, voltamo-nos para coisas que nos ajudam a sentir melhor, mais conectados e parte de algo maior. Em vez de trabalharmos juntos para encontrar uma solução, esperamos apenas conseguir afastar tudo aquilo de nós. Passamos a nos comunicar virtualmente com nossos colegas porque simplesmente não conseguimos encará-los sabendo que o problema ainda persiste. Nós sabemos disso, eles sabem, mas ninguém deseja admitir.

Todos já experimentamos esse tipo de armadilha e também esses hábitos ruins. Enquanto as condições e circunstâncias podem não ser exatamente as descritas nessas páginas, sabemos como é se sentir empacado, preso e incapaz de seguir adiante e fora de uma situação constrangedora. Sentimo-nos hesitantes em seguir os conselhos que nos foram sugeridos.

Muitas equipes e muitos líderes se afastam nesse momento. Ambos encontram meios de se esconder e/ou de diminuir a seriedade do problema, confiando que ele se resolverá sozinho ou que outra pessoa encontrará a solução. Seguimos em frente para o próximo desafio ou a inovação seguinte no negócio. Porém, quando muitos problemas profundos são deixados sem solução, ou são empurrados para o lado, **acidentes fatais tornam-se inevitáveis** (pessoas, clientes, fatia de mercado e novas oportunidades desaparecem).

O negócio da mudança - ou não?

A solução de problemas de acordo com o que foi discutido aqui raramente leva a inovações disruptivas. Nosso cérebro, nosso corpo, nossas equipes e nossos sistemas organizacionais não foram criados para **destruir** e **criar coisas ao mesmo tempo**. Cada uma dessas tarefas demanda pensamentos distintos e ações contrárias à maneira como as coisas acontecem e como as pessoas agem dentro do sistema. Caímos facilmente

nessas armadilhas porque nosso sistema de negócios está em algum lugar entre o passado e o futuro. Os modelos de negócios aos quais nos voltamos, bem como os mecanismos que utilizamos, se baseiam em tradições que funcionaram muito bem em outros ambientes organizacionais e comerciais, e sob um conjunto diferente de condições. Considerando o ritmo dos negócios e também a frequência das mudanças nos dias de hoje, as abordagens aqui resumidas são apenas parte do patrimônio operacional e empresarial. Em um artigo recente para o *Harvard Business Review*, intitulado *Accelerate!* (*Acelere!*), o autor John Kotter explicou a situação da seguinte maneira: "Uma organização que esteja enfrentando um ameaça real ou um nova oportunidade tenta – e fracassa em – se envolver em algum tipo de grande transformação usando um processo de mudança que funcionou bem no passado. Porém, os velhos modos de se estabelecer e implementar estratégias já não nos servem. Não podemos acompanhar o ritmo das mudanças, imagine ser mais rápidos que ela." Conforme as pessoas tentam encontrar respostas para produzir resultados melhores, essas abordagens fora de moda são usadas à custa da criação de soluções **reais**. O desafio é encontrar novas maneiras de compreender e literalmente **ver** o passado enquanto, **ao mesmo tempo**, se planeja e se cria estratégias para o futuro.

Mas será que existem novas maneiras de se planejar e criar estratégias que não custem uma fortuna à empresa? Conforme atentamos para os cenários apresentados até aqui, existem vários pontos em que a inclusão de imagens e figuras nos fortes modelos de negócios poderiam ter levado a resultados distintos. Em uma era de orçamentos apertados, demissões em massa, reorganizações e demora em acomodar condições de emprego, as empresas sofrem e não podem se dar ao luxo de perder dinheiro e investir em sessões estratégicas bem-intencionadas, mas que não produzam resultados palpáveis. Porém, o fato é que são as pessoas dentro dessas empresas, aquelas que produzem, vendem e entregam produtos/serviços, que realmente sofrem com a situação. Elas sofrem com a falta de engajamento e também com processos estratégicos ruins que não chegam até elas nem se aplicam a seus ambientes de trabalho, mostrando-se pouco relevantes dentro da realidade. E quanto mais os funcionários sofrem como resultado de processos ruins, mudanças fora de época e falta de engajamento, mais os próprios resultados gerais também padecem. Essas condições ruins persistentes criam uma espiral negativa.

Nos EUA, ficamos tentando imaginar a razão pela qual a produtividade geral está baixa e **71%** da força de trabalho

norte-americana ou não está suficientemente engajada ou está completamente desengajada do trabalho. Esses trabalhadores não estão desinteressados, tampouco são "maus" ou preguiçosos. Isso representa bem mais que a metade das pessoas empregadas no país. Trata-se de pessoas que se sentem motivadas em contribuir para uma mudança ou para um produto que represente ganho de valor para a empresa e para eles próprios. Elas querem economizar o dinheiro da empresa e sentir que são parte da solução e das melhorias para ajudar a promover o bem da companhia. Elas conseguem ver maneiras de mudar. Porém, esses indivíduos não possuem o *status* adequado nem a influência necessária para serem ouvidos. A gerência e as lideranças, em geral, estão ocupadas com outras coisas, então, a lacuna entre as partes continua a se ampliar, tanto nos EUA como no resto do mundo.

Os sistemas, as estruturas e as culturas organizacionais são avessos a mudanças que as pessoas percebem como necessárias e que a maioria das organizações precisa fazer. Nossos amplos e complexos sistemas empresariais multinacionais estão enraizados na era industrial. Embora esse período tenha ficado para trás, nossa mentalidade, nossos padrões de negócios e nossos comportamentos não foram adaptados para se encaixar ou atender às demandas de um mercado do século XXI. Chamamos os líderes de nossas empresas de "chefes", o que reflete o papel de autoridade de alguns poucos eleitos para tomar decisões que afetam a vida de muitos. É difícil encontrar meios de envolver mais pessoas em decisões críticas ou estratégicas de uma companhia. Honestamente, esses sistemas são difíceis de manobrar. **Seriam as empresas capazes de encontrar novas maneiras de engajar mais e mais pessoas nos processos sem aumentar expectativas e custos?**

Pode ser que a mentalidade de silo seja uma das primeiras coisas que teriam de desaparecer. Sabina Spencer, estrategista de negócios e autora, comentou: "Um dos maiores problemas em qualquer empresa hoje é a predominância de uma **mentalidade de silo**. Seja qual for o tipo de divisão utilizada, por produto, mercado, função, região ou nação, ela é cara, em vários aspectos." Envolver trabalhadores de todos os níveis da empresa no desenho e na participação das decisões estratégicas tem custado muito tempo e dinheiro, mas os resultados são mistos. Afastar as pessoas da "produção" para obter algumas boas ideias tem sido considerado há muito tempo investimento perdido. Essa é a perspectiva da era industrial e, a partir daquele ponto de observação, até fazia sentido. Will McInnes, cofundador e diretor-administrativo da empresa de consultoria *on-line* em marketing, e também autor do livro *Culture Shock: A Handbook for 21st Century Business* (Choque Cultural: Um Guia para os Negócios do Século XXI), defende o estabelecimento de uma nova perspectiva no engajamento, construída a partir da demanda e da necessidade: "Empreendimentos do século XXI exigem muito mais de seus líderes. Essa era de comunicação em rede, em que as forças de trabalho estão dispersas em diferentes nações e trabalham a partir de diferentes localidades, conectadas por instrumentos digitais, exige abordagem diferente em termos de liderança. (...) Para esses líderes, a chave do sucesso no século XXI está nos seguintes valores: **colaboração**, **diálogo**, **transparência** e **autenticidade** – **comando** e **controle** já não irão funcionar."

O que precisaremos fazer para sermos bem-sucedidos no século XXI? E o que estaríamos dispostos a fazer para chegar lá? Tempos desesperados, apesar de difíceis de encarar, em geral nos oferecem o catalisador para novas maneiras de trabalhar. As medidas desesperadas que algumas pessoas estão dispostas a implementar para alcançar resultados surpreendentes já produziram histórias que se tornaram lendas entre os estudos de casos empresariais. (Pense em nomes como Lou Gerstner, da IBM; Jack Welch, da General Electric (GE); Fred Smith, da FedEx; Sandy Weill, do Citigroup; e Ray Anderson, da Interface Inc.) O que transforma suas histórias em lendas é o desejo dessas pessoas de superar o medo de agir de maneiras "não naturais" para atingir algo extraordinário. Atos de desespero e de coragem tipicamente caem na mesma categoria quando ouvimos a respeito de ações excepcionais. Que tipo de coragem os líderes de hoje precisarão para superar as limitações que ainda nos prendem à era industrial? Poderia o uso de figuras nas estratégias de negócios ajudar a fazer essa inovação lucrativa e energizante?

Muitos líderes empresariais – incluindo eu própria – que assumiram riscos a fim de entrelaçar estratégias de negócios e imagens, poderiam enfaticamente argumentar que este é um dos caminhos mais importantes rumo ao futuro. Sabina Spencer explica o seguinte:

"O poder da ilustração estratégica está no fato de ela encorajar o diálogo entre diferentes partes da empresa de modo que as imagens capturadas ajudem a identificar áreas onde a sinergia poderá ocorrer. As pessoas percebem que não estão tão distantes umas das outras como poderiam imaginar, e passam a enxergar oportunidades para níveis mais elevados de colaboração, que poderão promover inovações reais, reduzir duplicações desnecessárias e aumentar a eficiência.

Elas percebem o valor das perspectivas diferentes à medida que as imagens e figuras de sua conectividade emergem nos desenhos. A beleza de todo esse quadro está no fato de que a contribuição de todos é igualmente valorizada, e não somente a voz mais forte daqueles cujos salários são mais elevados! A hierarquia e a dinâmica de força e poder ficam em segundo plano e o pensamento inovador leva o diálogo estratégico a uma abordagem de **empresa única** que sobrepujará as tradicionais discussões do tipo **nós versus eles**, que somente perpetuam o *status quo*."

Já utilizei essa metodologia com vários clientes, em especial com equipes executivas e de liderança, que comandam grandes corporações. Por meio dos desenhos contidos nesses mapas metafóricos, as conexões entre os membros da equipe são reforçadas e todos passam a valorizar mais o coletivo. É um processo que coloca importância igual tanto na tarefa quanto no relacionamento, criando identidades de marca mais bem-sucedidas, onde o engajamento entre funcionários e clientes é crítico para o sucesso da empresa.

Vejamos o que acontece quando alguém com responsabilidades de liderança tem a visão, a coragem e o grau de desespero necessários para se engajar com seus colegas na busca de soluções para um problema e no planejamento para o futuro. Quando essa pessoa está disposta a explorar profundamente os problemas e as soluções em sua divisão, e criar espaço para novas possibilidades mediante o uso de imagens e boas ferramentas de negócios, as decisões tomadas e os resultados alcançados podem ser transformadores.

CAPÍTULO 2

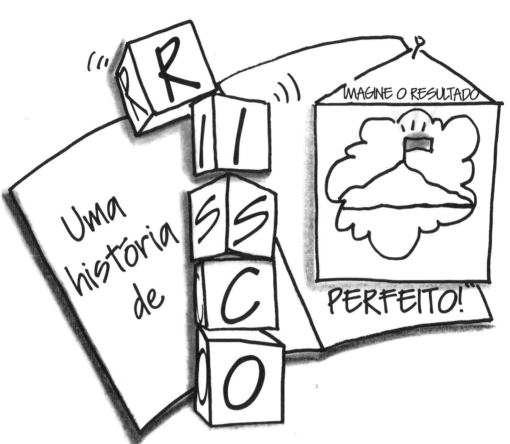

Sean é o recém-contratado vice-presidente sênior de uma florescente empresa multinacional do setor de tecnologia, cuja sede fica em Londres. Como um homem ambicioso e que já havia alcançado grande sucesso anteriormente ele foi encarregado de trabalhar em uma divisão comercial da companhia que outrora registrara um crescimento de dois dígitos e costumava ser considerada a **"queridinha da empresa"**. O setor em questão era conhecido por criar soluções inovadoras para seus clientes, porém, suas vendas brutas haviam despencado em 50% no ano anterior, e sua base de clientes simplesmente erodiu, à medida que os consumidores passaram a adotar novas tecnologias e novos produtos. "Não sabemos exatamente o que aconteceu por lá, Sean", confidenciou o CEO da empresa. "Confiamos em sua habilidade de fazer o que for preciso e organizar o setor. Isso poderá representar muito para você profissionalmente."

Conforme avaliou os dados financeiros e de *marketing* da organização, Sean percebeu que o crescimento fora mínimo ou até inexistente há mais de dois anos. Isso foi uma surpresa para ele. "Mas por que eles deixaram essa situação se prolongar por tanto tempo?", pensou. Quando começou a transitar pelo escritório e a conversar com os funcionários sobre o desempenho financeiro e de produtos da divisão, ele se deparou com indivíduos desinteressados e cansados. Sean então perguntou aos empregados o porquê de toda aquela mudança negativa, e eles lhe ofereceram várias razões para o ocorrido e ainda compararam o tempo presente aos "dias dourados" do passado. Nenhum dos colaboradores conseguiu manter contato visual direto com o diretor. Eles acusaram a gerência, a economia, os clientes inconstantes, mas, curiosamente, nenhuma de suas histórias era a mesma. Depois de algum tempo no cargo, e com toda a pressão por parte do conselho diretivo e do próprio CEO se acumulando sobre os ombros dele, Sean não havia descoberto muito sobre o que causara o problema, tampouco sabia como mudar aquela situação.

Certa noite, Sean estava jantando com Cheryl, uma amiga próxima que fora sua colega de trabalho em outra empresa, e resolveu contar a ela o dilema que estava enfrentando em seu novo emprego. Eles haviam desenvolvido um relacionamento de grande afinidade, respeito e muita confiança um pelo outro. Eles valorizavam o ponto de vista do colega, reconheciam suas habilidades profissionais e sentiam que o outro era capaz de perceber pontos específicos que permeavam cada problema.

Sean contou a ela sobre sua frustração com a nova empresa pelo fato de ninguém ter feito nada para resolver o problema ao longo de anos. Ele reclamou dos empregados, que pareciam não se importar com a situação nem entender o que estava acontecendo. Exasperado, imaginou se ele e sua equipe seriam realmente capazes de resolver aquela crise, mesmo que a solução estivesse bem na frente deles.

Cheryl olhou preocupada para ele. Já fazia muitos anos que não o via assim tão perplexo e frustrado com uma situação. Ele parecia aflito. "Você tem dormido?", ela perguntou. "Não", afirmou ele de maneira objetiva. "Eu não entendo. Do que será que eles têm medo? Sinto-me como se estivesse sendo sabotado para fracassar", completou. Cheryl inspirou profundamente, pegou seu *smartphone* dentro da bolsa e mostrou a ele uma fotografia salva no aparelho. "O que é isso?", ele perguntou.

"O novo plano de ação de minha divisão." Sem dizer mais nada, Cheryl entregou o telefone a Sean.

PLANO DA EQUIPE		
PRIORIDADES	ATIVIDADES	METAS
NOVOS PRODUTOS	✓✓✓	★★★
PESSOAS + INOVAÇÃO	ooo	oo	★★
OPERAÇÕES	▫▫	▫▫	★★
MARKETING + VENDAS	→→→	→→	★★★

Sean deu risada. **"Você está brincando, certo?"**, exclamou. "Na verdade não", disse Cheryl. Ela então explicou ao amigo que sua divisão recebera metas elevadas naquele ano, porém, sua equipe não estava conseguindo atingi-las. Os membros sabiam que havia crescimento no mercado; os clientes estavam comprando, mas não o produto que sua empresa fornecia. Ela e seu time de trabalho estavam empacados, mas não conseguiam compreender como haviam chegado àquela situação, nem tinham ideia de como sair dela. Ela e seus funcionários realizaram uma série de sessões para definir novas estratégias, sem, contudo, alcançar qualquer resultado positivo.

Foi então que um colega sênior em sua empresa recomendou uma abordagem diferente: "Tente utilizar um artista organizacional, um facilitador gráfico, um ilustrador especializado em estratégias – seja qual for o título que a pessoa use. Esses profissionais poderão ajudá-la a 'ver' o problema. Eles desenham tudo o que você diz, conforme você fala, bem diante dos seus olhos. Todos entram em sintonia. O uso de figuras ajuda toda a equipe a visualizar onde e porque vocês estão paralisados. Também auxilia todos a perceber o que precisa ser feito no futuro. Parece mágica, mas funciona. As pessoas em minha empresa usam essas ilustrações estratégicas o tempo todo." Então, Cheryl concluiu, dizendo: "Foi incrível. Todos começaram a ver os mesmos problemas e toda a equipe entrou em sintonia. O profissional desenhava tudo enquanto descrevíamos a situação e, de repente, enxergamos o que estava nos segurando. O grupo conversou de maneira honesta e cristalina e, desde então, sinto como se todos da equipe remassem na mesma direção; todos parecem bem engajados. Eu mesma não acredito, mas estamos todos motivados. Fizemos grande progresso e constantemente comparamos os resultados que obtemos com o que foi desenhado em um grande mapa – um mural. É isso que está no meu telefone." Cheryl apontou para a imagem e alertou: "Eu não sei, mas, o que você teria a perder?". Antes de se despedirem, Cheryl entregou a Sean um cartão de visitas com os dados do profissional com quem havia trabalhado. Ainda cético,

Sean agradeceu à amiga e disse: "Bem, se você realmente acha que isso poderá me ajudar, talvez eu tente."

"Bem, pessoal, sejam bem-vindos. Obrigada por compartilharem seu tempo." Essas foram as palavras de Sean ao iniciar sua reunião, enquanto olhava para o rapaz que estava atrás dele e usava uma caneta piloto verde para escrever a palavra "Bem-vindos" em um grande cartaz. "Fico feliz que todos estejam aqui. Sei que já faz algum tempo desde que toda a equipe se reuniu, e estou contente que todos estejam sentados em torno dessa mesa. Acho que essa divisão está empacada por algum tempo e precisamos de uma nova maneira de olhar alguns de nossos problemas. Esse aqui é o Daniel. Ele é ilustrador especializado em **planos estratégicos** e **facilitador gráfico**. Daniel já trabalhou com outras empresas com o intuito de ajudar pessoas como nós que precisam pensar em um mesmo problema de modo

diferente. Ao longo do dia, o trabalho dele será o de capturar as informações contidas em nossos diálogos. Tudo será registrado por ele nessas grandes folhas de papel. Ela irá facilitar nossa reunião para que eu também possa participar. Ele nos entregará desenhos que representarão nossas conversas, as decisões tomadas e os resultados com os quais nos comprometermos", declarou Sean.

Sean olhou para as pessoas de sua equipe e logo percebeu as reações. Olhos girando e rostos com a nítida aparência de "já tentamos isso" e "já fizemos aquilo". Havia alguns que provavelmente estavam pensando algo do tipo: "Mas o que Sean está pretendendo com isso? Será que vai usar todas essas informações para nos demitir?". Alguns outros participantes pensavam: "Bem, isso parece que será diferente..." As palmas das mãos de Sean estavam suando. Ele prosseguiu, dizendo: "Vocês tiveram a chance de verificar nossa pauta antes da reunião, e estou ansioso para saber o que vocês acharam."

Sean então virou a primeira folha de um *flipchart* e os membros da equipe ficaram surpresos com o que viram ali. "Este é um guia para os nossos trabalhos hoje. Quero saber sobre o passado, quando vocês e essa divisão realizavam um ótimo trabalho. Quais eram as chaves para o sucesso naquela ocasião? E, se tivermos de escolher, quais seriam alguns dos elementos do passado que gostaríamos de trazer de volta para o nosso presente e futuro? Daniel nos ajudará a pensar em algumas ideias para o futuro", afirmou Sean.

Então, ele se sentou ao lado do grupo e completou: "Quando sairmos daqui hoje, gostaria que tivéssemos definido duas ou três ações que considerarmos capazes de nos ajudar a sair do buraco em que nos encontramos e a preparar o terreno para seguirmos em frente. Isso parece razoável?" Conforme Sean propunha os resultados esperados, Daniel desenhava no mural.

Todos concordaram com um aceno de cabeça. É claro que o fizeram – Sean é o chefe! Ele realmente ficou imaginando o que aquelas pessoas estariam pensando. Daniel explicou a pauta e a reunião começou. Os membros da equipe passaram a falar sobre o passado. Histórias sobre os "bons dias do passado" foram contadas e os olhos das pessoas se iluminaram; todos riram e fizeram brincadeiras. Foi como se Sean nem estivesse lá. Eles discutiram sobre algumas das melhores conversas que tiveram com os clientes; como era a sensação de superar as projeções do orçamento; o que era necessário para criar produtos inovadores e em quantidade suficiente para ampliar os canais de distribuição. Para surpresa de Sean, eles comentaram sobre um grande líder que a divisão tivera cinco anos antes, uma pessoa a quem todos admiravam. Eles o descreveram como um homem que considerava cada integrante da equipe responsável por seu próprio trabalho, e permitia que eles fizessem o que precisava ser feito para que a empresa se mantivesse à frente no mercado.

O grupo discorreu sobre as ideias que funcionaram tão bem no passado, e os motivos para isso. Daniel fez algumas perguntas que ajudaram a revelar algumas frustrações que os empregados estavam experimentando enquanto equipe. Ele capturou tudo o que eles disseram em imagens, símbolos e palavras-chave. À medida que trabalharam sobre o futuro daquele grupo, Daniel acrescentou imagens de pessoas que se sentiam orgulhosas e de clientes que ofereciam soluções.

A partir de cada conjunto de perguntas colocado por Daniel, os desenhos esclareciam e registravam tudo aquilo que estava refreando o desenvolvimento daquela divisão e impedindo que ela atraísse novos consumidores e criasse novos produtos baseados na demanda de mercado. Ficou claro para todos que aquela equipe precisava, em curto prazo, sair da rotina, e então eles começaram a refletir a respeito do que fariam quando retornassem ao escritório. Sean participou das discussões, mas preferiu ficar no fundo enquanto outros colegas tomavam a frente. O tempo passou e, no final do dia, toda a equipe deparou não apenas com uma imagem visual completa dos próximos passos, mas também

com a clara definição de papéis e responsabilidades quanto a ações e prazos. Eles até colocaram suas assinaturas no final do mural e estabeleceram a data do próximo encontro, quando fariam um acompanhamento (*follow-up*) de tudo com o que haviam se comprometido a fazer e definiriam as próximas ações que precisariam ser tomadas.

Ao ser indagado sobre o que aconteceria com os mapas visuais que haviam sido criados, Sean respondeu: "Eles serão digitalizados e enviados para cada um dos participantes dessa reunião. O que vocês acham de compartilhar esses mapas com os membros de suas próprias equipes? Será que vocês não deveriam dizer a eles o que aconteceu aqui e ver o que eles acham?". O grupo concordou e, então, Sean agradeceu a todos pelo tempo gasto e também pelo trabalho realizado. As pessoas saíram lentamente da sala e continuaram conversando pelos corredores.

Sean conversou com Daniel e perguntou: "Como foi a reunião?". Conforme olharam para a sala, perceberam que as pessoas haviam desenhado suas ideias em seus blocos de anotação e até mesmo em guardanapos. Daniel sorriu. "Acho que correu muito bem. Pelo menos os fizemos pensar." Então, apontando para a mesa, ele comentou: "Acho que você fez um ótimo trabalho estabelecendo o tom das discussões e definindo as expectativas. Precisamos ficar focados nos resultados que serão trazidos pela equipe e ver aonde você e eles chegarão."

A partir daí, Sean e Daniel passaram a se reunir regularmente entre si e também com os membros da equipe sênior para avaliar a situação e refletir sobre como o trabalho da divisão estava progredindo em relação aos compromissos que haviam sido firmados nos mapas. Sean participou de algumas reuniões em que a equipe sênior compartilhava as ideias primeiramente discutidas no encontro inicial. Essa equipe se reunia toda semana para conversar a respeito de como as coisas estavam se desenrolando e, em cada encontro, utilizavam os mapas visuais para manter o foco e discutir o progresso. Os participantes usavam marcadores vermelhos para assinalar o que já havia sido realizado e passaram, inclusive, a escrever nos mapas, apontando mudanças, desafios ou novas informações. Um dos membros da equipe conseguia acrescentar as alterações na versão digital dos mapas e, em seguida, as novas cópias eram distribuídas entre os membros.

Com o passar do tempo, Sean percebeu uma melhora no estado de espírito dos membros da equipe sênior. Até mesmo aqueles que se mostraram céticos no início da primeira reunião estavam agora se encontrando com Sean e o consultando sobre decisões-chave. Entretanto, em termos de desempenho, nada estava acontecendo. Eles ainda **não**

estavam alcançando suas metas financeiras nem de desenvolvimento de produtos, tampouco melhorando seus resultados finais. Eles pareciam ter conseguido remover a primeira camada do problema, mas **ainda não haviam chegado ao âmago da questão**. Sean percebeu que sua divisão precisava ir mais longe, afinal, a pressão sobre seus ombros continuava a existir.

Durante a reunião seguinte, Sean compartilhou essa realidade com os membros da equipe. Ele tentou ser honesto e direto, sem fazer julgamentos, mas quando perguntou à equipe porque ela considerava que nada havia mudado, todos ficaram em silêncio. Apesar do seu desejo de permanecer neutro, a frustração e a decepção de Sean se tornaram óbvios. Foi então que Valerie, uma jovem funcionária que havia se tornado parte da equipe sênior havia pouco tempo, olhou diretamente para Sean e disse: "Nós ainda não chegamos lá, e o que estamos fazendo não é o suficiente." Todos olharam para ela e para Sean. "Valerie, será que você poderia nos dizer mais sobre isso?" disse Sean. Todos permaneceram calados e imóveis.

"Isso é complicado", disse Valerie. "Durante a nossa primeira reunião nós conseguimos funcionar como uma equipe, entender o que estava acontecendo e concordar em relação aos próximos passos. Acho que fizemos progresso, e penso que é possível dizer isso pelo próprio estado de espírito desse grupo – é bom saber que estamos fazendo alguma coisa, que temos um plano." Então, ela continuou: "O problema é que, devido ao tamanho e também ao histórico dessa divisão, há um número muito grande de pessoas envolvidas, bem como de processos a serem revistos e considerados. Cada pessoa aqui acha que possui as respostas certas, e, honestamente, ainda não tenho certeza de que sei em que solução nós estamos trabalhando. Acho que todos nessa sala estão tentando defender seus próprios cargos e suas próprias equipes, em vez de realmente assumirem riscos e tentarem resolver muitos dos problemas que estamos enfrentando." Valerie fez uma pausa, e a confusão se instalou. Todos começaram a falar ao mesmo tempo, em voz alta; as pessoas estavam frustradas, discordavam umas das outras e então apelavam pela interferência de Sean. Enquanto isso, Valerie ficou calada com os braços cruzados.

Sean tentou dar atenção a todos os pontos de vista quanto a prioridades e ações, mas, de repente, exclamou: "Esperem um momento. Parem! Essa não é a maneira correta de discutirmos esses assuntos." Conforme as pessoas se calaram, ele disse: "Todos estão corretos. Cada um de vocês tem parte da resposta certa. Precisamos esclarecer definitivamente o que está nos detendo e o que precisa ser feito para conseguirmos seguir adiante. Vocês estariam abertos a uma nova sessão com Daniel? Se mapearmos o caminho, talvez consigamos ver o que está acontecendo." Todos se entreolharam.

Charlie, o gerente de um dos maiores grupos da divisão, cujas opiniões sobre tudo tinham bastante peso, desafiou Sean: "Acho que deveríamos fazer isso, mas com todos dentro da sala – a divisão inteira." Sean sentiu como se estivesse sendo testado. Charlie continuou: "Aqueles desenhos são como um mapa, um guia que podemos usar para colocar todas as ideias em um único lugar. Acho que precisamos de um número maior de ideias do que conseguimos reunir nesse grupo. Estamos próximos demais das informações, e Valerie está certa, cada um de nós está tentando proteger seu próprio espaço e sua própria equipe. Eu acho que o meu grupo de trabalho apreciaria fazer parte de algo assim, você não acha? Todos já viram esse mapa que criamos e estão muito curiosos em relação ao processo; sobre como chegamos àquelas imagens específicas e àquelas ações. As reações dos meus colaboradores foram muito positivas; eles estão curiosos. Acho que nossos funcionários veem coisas que não estamos conseguindo ver. Sei que eles enxergam as coisas de maneira diferente. Quem sabe? Talvez consigamos reunir algumas novas ideias e envolver todo mundo no processo."

Sean considerou a sugestão. Um evento daquele tipo sairia caro e, provavelmente, consumiria bastante tempo de todos. Ele imaginou se aquilo traria algum resultado. Quão arriscado para sua carreira seria essa tentativa de organizar uma reunião tão grande com todos na empresa sabendo dessa iniciativa? O desempenho ruim era uma grande preocupação para a alta gerência, que já ameaçava começar a demitir funcionários daquela divisão. O que algo assim poderia produzir? Então, ele recostou na cadeira e pensou em sua conversa com Cheryl. Ele se lembrou com admiração da rapidez com a qual a divisão dela havia transformado a situação.

Sean se voltou para a equipe e disse: "Bem, não posso fazer isso sem a ajuda de todos vocês, portanto, se decidirmos seguir em frente com essa ideia, todos teremos de estar juntos. Cada um aqui terá de assumir seu papel de liderança no planejamento e na realização do evento. Todos teremos de nos comprometer a obter o melhor resultado e no menor prazo possível – em um único dia." No final da reunião, todos haviam concordado com a decisão. Eles seguiriam em frente.

Trabalhando juntos, os membros da equipe sênior conseguiram montar o cronograma. Eles convidaram Daniel para trabalhar com eles no desenvolvimento de algumas imagens gráficas que poderiam desencadear discussões específicas e levar a divisão à criação de um quadro do desenvolvimento dos produtos e do desempenho futuro.

A equipe sênior se responsabilizou pela grande reunião, consultando Sean, Daniel e outros funcionários-chave para o processo. Qual seria o foco? Estabelecer um novo futuro para a divisão. Como planejavam fazê-lo? Com **imagens**!

No dia da grande reunião da divisão, Sean estava apreensivo, mas entusiasmado. Daniel estava pronto para desenhar e também para participar quando eles precisassem de alguém externo à empresa para ajudar a fazer o processo caminhar. Também havia certa agitação na sala. Ele reparou que nas paredes da sala havia várias folhas brancas e pretas do tamanho das utilizadas em *flipcharts*. Em cada uma delas havia palavras específicas escritas

com canetas piloto coloridas. O visual era mais ou menos o seguinte:

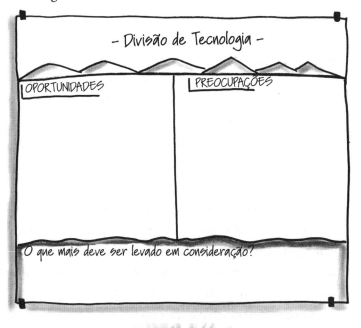

As pessoas adentraram a sala conversando e rindo. O grupo parecia muito diferente daquele com o qual Sean havia começado a trabalhar havia alguns meses. Todos fizeram questão de olhar para os quadros colocados nas paredes. Depois que todos foram recebidos por Sean, o foco da reunião foi claramente apresentado: criar um novo futuro para a divisão. Várias perguntas foram levantadas pela equipe sênior e, então, as pessoas que se agrupavam nas mesas menores começaram a trabalhar.

Sean caminhava pela sala e ouvia as conversas, olhava para o conteúdo nos quadros. Pouco a pouco ele começou a ouvir e a visualizar certos padrões. O modo como aquelas pessoas falavam sobre si mesmas e sobre o trabalho que realizavam era consistente. Muitos dos diálogos no local revelavam alguns dos fatores fundamentais que estavam refreando a divisão. Esses elementos ressurgiam com frequência nas discussões, e Daniel decidiu capturar essas informações e colocá-las no *flipchart* instalado na frente da sala. Conforme a sessão continuou na parte da tarde, o plano para a divisão se tornou claro. Ele pôde ser visualizado; as pessoas então se comprometeram, estabelecendo suas próprias ações e um cronograma.

Grupos funcionais planejaram trabalhar em equipe em ações específicas e concordaram em relação a metas agressivas. Sean ficou surpreso com a energia, o entusiasmo e a emoção que viu naquelas pessoas. Aquele era um grupo totalmente diferente de pessoas para se trabalhar. Eram colegas que trabalhariam ao lado dele e entre si para alcançarem um objetivo maior.

À medida que as pessoas saíam da sala, elas agradeciam Sean por lhes oferecer esse tempo e permitir que elas "fossem parte da solução", "criassem o futuro" e "estivessem presentes." Daniel apertou a mão de Sean, e lhe deu parabéns pela iniciativa. "Muito bom. Agora, espere e veja o resultado – e não fique no caminho dessas pessoas", disse, sorrindo. "Acho que dessa vez você vai conseguir o que deseja."

Vocês podem imaginar como essa história termina – bem, na verdade ela não termina. Aquele foi só o começo. Os mapas continuaram a existir juntamente com a empresa.

A divisão reinventou a si mesma de maneira criativa e conseguiu resgatar o respeito e a atenção positiva do conselho diretivo. Os membros da equipe mostraram os mapas para a diretoria. Eles conseguiram mais tempo e espaço para desenvolver sua estratégia e para buscar novos clientes em outros mercados. A equipe sênior sabia para onde a divisão estava rumando e que indicadores de desempenho seriam usados para avaliar seu sucesso. Essa equipe também trabalhou com outros grupos da divisão a fim de assegurar que todos alcançassem suas metas. Os desenhos tornaram-se parte regular do seu trabalho e de suas práticas. Quando as pessoas se sentiam perdidas, eram instruídas a olhar no mapa. Várias vezes, quando precisavam fazer alterações ou queriam algo um pouco mais profissional do que eram capazes de produzir, convocavam Daniel ou um de seus colegas. O modo como as pessoas daquela divisão pensavam e trabalharam acabou afetando toda a empresa. Conforme os funcionários saíam da divisão de Sean e eram promovidos para assumir novos papéis, eles levavam consigo seus mapas, suas histórias e seu sucesso.

Muitos clientes, consumidores, colegas e líderes empresariais já olharam de maneira cética para o uso de imagens e figuras na transformação de estratégias de negócios e tomada de decisões. Antes de analisarmos os detalhes que ajudaram a transformar a equipe de Sean, é importante que eu forneça algumas informações adicionais fundamentadas em pesquisas e também dados que dizem respeito ao uso de figuras, imagens e metáforas na transformação organizacional.

CAPÍTULO 3

O **campo da ilustração estratégica**, também chamado de registro gráfico, facilitação gráfica e visual, é relativamente novo. Tudo começou na região da baía de São Francisco, nos anos 1970, e rapidamente migrou para várias cidades, como Toledo, em Ohio, e regiões, como Manhattan, em Nova York, com diferentes raciocínios e abordagens. Uma série de artistas, líderes empresariais e empreendedores começaram a imaginar se não haveria uma maneira melhor de se obter **mais** das reuniões que eles conduziam ou das quais participavam. Nos encontros com clientes, equipes e outros interessados, esses indivíduos começaram a experimentar uma combinação entre figuras e processos organizacionais, como a Análise FFOA (Forças, Fraquezas, Oportunidades e Ameaças).[1] Entre os primeiros empreendedores e líderes nessa área estão David Sibbet (presidente da Grove Consultants International, um dos "idealizadores" do conceito Group Graphics, juntamente com Geoff Ball e Fred Lakin, e também autor do livro *Reuniões Visuais*, de 2013,[2] *Visual Leaders* (*Líderes Visuais*), editada nos EUA em 2013 e vários artigos, *blogs* e postagens), Nancy Margulies (autora e artista gráfica de *Yes, You Can...Draw!*(*Sim, Você Consegue...Desenhar!*), editada em 1991, *Mapping Inner Space* (*Mapeando O Espaço Interno*), de 2001, e *Visual Thinking* (*Pensamento Visual*), com Christine Valenza, 2005) e Geoff Ball. Nancy White, Susan Kelly, Michael Doyle e David Straus (autores de *Reuniões Podem Funcionar*, 1978)[3] e Bill Hinsch, da Learning Visuals, também contribuíram com os visuais organizacionais, cada

---

1 – Do inglês SWOT (*Strengths, Weaknesses, Opportunities* e *Threats*). (N.T.)

2 – Editora Alta Books, Rio de Janeiro. (N.T.)

3 – Grupo Editorial Summus, São Paulo. (N.T.)

qual com seu próprio estilo e método, à medida que mais empresas passaram a adotar a prática. Esses e outros inovadores ampliaram os limites daquilo que era percebido como "aceitável" nos processos organizacionais internos. As figuras, imagens e palavras-chave utilizadas por essas pessoas tinham como objetivo alcançar o coração das empresas com as quais trabalhavam, não os setores comercial e de *marketing* dos negócios. Em suas reuniões, eles ajudavam a direcionar e a concentrar as equipes internas, enquanto as registravam, capturavam e visualizavam. Seus experimentos cresceram em escopo e escala até que esses líderes se tornaram capazes de engajar organizações inteiras em diálogos empresariais, enquanto criavam "mapas" gigantes e coloridos que incluíam as conversações, as estratégias, os pontos focais e também os compromissos por parte de todos os presentes – e tudo isso de maneira fácil.

Mas o que exatamente essas ilustrações estratégicas fazem? Em contraste com os valiosos trabalhos artísticos que vemos nos museus, essas ilustrações e esses registros gráficos utilizam ícones práticos e familiares, bem como cores e palavras-chave para dar significado a ideias, conflitos e oportunidades. Em geral, as imagens são simples e bastante elementares, mas são capazes de estabelecer e transmitir pontos cruciais para a empresa; elas capturam conceitos significativos dentro do contexto dos diálogos e das sessões estratégicas. Do mesmo modo como um mapa da cidade ou um guia de viagens pode nos ajudar a encontrar o caminho certo, as ilustrações estratégicas servem basicamente para orientar pessoas e mostrar-lhes onde de fato se encontram. Elas definem nosso cenário figurativo, ou seja, a **paisagem real** e também a **percebida** em que trabalhamos. A paisagem real inclui o espaço físico, nosso setor, nossos colegas – os que trabalham em outras comunidades e em outros continentes também – e os sistemas de grande escala – como empresas multinacionais e governos. Já a paisagem percebida pode incluir a mentalidade da empresa, políticas e processos internos, estrutura organizacional, normas para a tomada de decisões e quaisquer outros fatores que afetem as decisões empresariais. Uma síntese de ambos os cenários permite que equipes de trabalho e **stakeholders**[4] vejam e

compreendam fatores que são únicos à "realidade" daquela empresa específica. As imagens usadas geralmente capturam a história compartilhada da organização e explicam como ela chegou ao momento presente. Como as ruas, os pontos de referência e as intersecções em um mapa comum, as imagens e as palavras escolhidas em uma ilustração es-

---

[4] – Termo geralmente utilizado em inglês que inclui tanto acionistas quanto outros interessados no bom desempenho de uma organização. (N.T.)

tratégica oferecem aos usuários um modo de analisar e discutir os "caminhos" percorridos, as curvas e os desvios realizados. Os desenhos inspiram os membros do grupo a refletir sobre as razões pelas quais eles seguiram determinada trajetória e o que foi ganho (e/ou perdido) por conta dessa opção. Ilustradores estratégicos disponibilizam para as empresas uma tela em branco na qual um novo cenário poderá ser criado, incluindo nele figuras de atividades, produtos e clientes do presente e do futuro.

> **ILUSTRAÇÃO ESTRATÉGICA**
>
> Em outubro de 2008, eu ministrava um curso de registro gráfico em Paris, trabalhando ao lado de colegas como Pierre Goirand, Clydette de Groot e Elizabeth Auzan. Nossa primeira aula na cidade incluiu alunos dos EUA, do Reino Unido, da França, da Alemanha e da Bélgica. Esse curso deu a essas pessoas uma ótima oportunidade de colocar em prática suas novas habilidades na área de desenho durante o 10º aniversário da Conferência da Sociedade Francesa de Aprendizado Organizacional (Societé pour L'Organisation Apprenante – SOL). Os nove do grupo, cada qual com sua própria história, cultura e linguagem, ilustraram os diálogos, as discussões e os princípios centrais apresentados.
>
> Durante o intervalo, nosso grupo se reuniu e discutiu a experiência com outros desenhistas de toda a Europa. Quando perguntei a ele como chamavam essa prática em seus próprios idiomas, os franceses responderam **"registro *graphique*"**. Outras pessoas também ofereceram respostas similares. Então, quando perguntei que outra opção eles teriam além dessa versão local do termo inglês – *graphic recording* –, eles responderam que o "*ing*" do inglês não é muito fácil de traduzir para as línguas latinas. Ficamos desconcertados com aquilo e então passamos a explorar várias opções, finalmente concordando com o termo **"ilustração estratégica"**. Com base

> em tudo aquilo que coletivamente conhecíamos e já havíamos experimentado junto a organizações e líderes empresariais, essas duas palavras poderiam ser facilmente traduzidas para seus idiomas sem soar norte-americanas. Ilustração estratégica também era a maneira mais próxima de descrever nosso objetivo final: visualizar de modo estratégico o que as empresas precisavam e desejavam para poder crescer. E foi assim que o termo **ilustração estratégica** foi cunhado!

É fácil olhar para um mapa e se sentir perdido. Como em um aplicativo de localização de endereços em um *smartphone* ou em um sistema GPS, as ilustrações estratégicas também podem **definir** nossa posição, mostrando onde estamos no presente e oferecendo um quadro de uma "realidade" criada pelo grupo. Por meio de perguntas relevantes sobre os negócios e de alguns modelos de negócio confiáveis, imagens e figuras se concentram nas atividades que estão sendo desempenhadas pela equipe. Comparativamente à implementação de uma pesquisa ou de um questionário pela empresa, esse quadro total é capaz de explicar de maneira mais rápida o porquê das coisas estarem funcionando de certa maneira; ele também mostra o que deve ser eliminado. Esse detalhamento é um método rápido e fácil de fazer que toda a equipe fale a mesma língua diante de novas oportunidades e desafios inesperados.

Ao contrário de listas incluindo aquilo que pensamos, o que outras pessoas disseram e/ou até conjecturas daquilo que nós acreditamos que os outros estejam pensando, as figuras também são capazes de sintetizar em um único local um conjunto de atividades e/ou de palavras. As imagens dizem muito sobre uma única questão. Nós detalhamos as informações e, ao mesmo tempo, damos a elas textura, dimensão e até sentimentos – exatamente aquilo que experimentamos na vida. Por exemplo, na história de Sean, no Capítulo 2, vimos duas figuras de pessoas com a cabeça baixa. O que acontece quando uma única palavra é acrescentada? O simples fato de adicionar a palavra "cliente" à imagem transmitirá muito mais sobre os sentimentos dessa pessoa que fazer uma lista daquilo que você acha que ela pensa.

O detalhamento com o uso de imagens é capaz de demonstrar um problema no sistema sem dar a ele um nome específico (uma ou duas palavras que têm determinado significado para algumas pessoas de uma equipe, mas que, para outras do mesmo grupo nada representam). Quando usamos figuras, pensamos em tudo o que ela pode significar ou transmitir. Não perdemos tempo tentando concordar com a "palavra" certa para descrever uma situação ou condição. Tudo o que precisamos saber a respeito de uma situação está lá, em uma **imagem**. De fato, uma figura pode fazer que uma equipe converse de modo mais aprofundado sobre qualquer imagem desenhada, como, por exemplo, o cliente. Já vi grupos olharem para uma imagem similar àquela do cliente cabisbaixo e imediatamente começarem a discutir o que poderia ser feito para melhorar e transformar aquela figura de modo que ela passasse a mostrar o cliente como eles **gostariam** de vê-lo. Mas como uma imagem e um processo tão rápido e simples conseguem oferecer esse nível de clareza e *insight*?

À medida que as ilustrações estratégicas são desenvolvidas e as pessoas compartilham informações, os dados individuais se tornam grupais. Conforme vemos o ilustrador incorporar as diferentes percepções que ouvimos, passamos a incorporá-las aos nossos próprios pensamentos. Enquanto o quadro do grupo muda e as transformações surgem no mapa, também se altera a imagem que cada indivíduo tem de si mesmo. O mapa consegue alterar a visão das pessoas, levando-as de uma perspectiva ou posição específica para outra completamente distinta, apenas pela inclusão das ideias de todo o grupo. As pessoas da equipe podem usar as figuras como contêineres de ideias para formar novos acordos sobre o que usar e o que fazer. Os grupos veem as escolhas que se encaixam em seu negócio, e as alinham com as opções de maneira quase instantânea. A energia e o foco se movem nessa direção porque eles próprios ajudaram a criar o objetivo.

Ao visitar grandes cidades, você já reparou nos mapas de localização espalhados pelas calçadas que trazem a mensagem: **"Você está aqui?"** Neles os turistas e moradores locais conseguem identificar onde estão em comparação a aonde querem chegar. Ilustrações estratégicas são usadas com o mesmo objetivo. Nós as penduramos nas paredes do escritório; as imprimimos e/ou distribuímos por *e-mail*; as publicamos no *site* da empresa. Nós as utilizamos repetidas vezes para perceber onde estamos em relação aos nossos objetivos.

Num piscar de olhos, essas imagens nos mostram como reduzir a distância entre nossa posição atual, enquanto equipe, e aquela que almejamos. Com um rápido olhar, o grupo sabe perfeitamente para onde está caminhando e porquê.

Em um artigo para o jornal *Consensus*, Geoff Ball resumiu a ideia da seguinte maneira: "A facilitação gráfica auxilia na resolução de conflitos ao disponibilizar mais que uma abordagem unicamente verbal. O método ajuda a administrar a complexidade das discussões do grupo. Ele reflete a expressão de múltiplas perspectivas, cria conexão entre os pensamentos, oferece um modo de armazenar informações, descreve um fluxo de atividades complexas, energiza o grupo, ajuda a equipe a manter foco suficiente para conseguir trabalhar em conjunto e oferece uma estrutura clara dos pensamentos."

UMA FERRAMENTA RELEVANTE PARA A TRANSFORMAÇÃO DOS NEGÓCIOS

Os melhores dados disponíveis a respeito do uso de imagens para o aumento da **retenção de informações** e o **aprimoramento do aprendizado** em um mundo complexo estão no campo da **alfabetização visual**. John Debes, cofundador da International Visual Literacy Association (Associação Internacional de Alfabetização Visual), cunhou esse termo em 1969, descrevendo-o da seguinte maneira: "A alfabetização visual se refere a um grupo de competências visuais que podem ser desenvolvidas pelo ser humano quando ele vê e integra a essa visão outras experiências sensoriais. O desenvolvimento dessas competências é fundamental para o aprendizado normal do ser humano. Quando desenvolvidas, elas permitem que o indivíduo visualmente alfabetizado discrimine e interprete as ações, os objetos e os símbolos existentes em seu ambiente – sejam eles naturais ou produzidos pelo homem. Por meio do uso criativo dessas competências, uma pessoa se torna capaz de se comunicar com as outras."

As pesquisas no campo da alfabetização visual se concentraram primariamente em pessoas jovens e nos anos iniciais de aprendizagem. A extensa (e de certa forma desorganizada) coleção de documentos de pesquisa revela como e por que pessoas jovens aprendem e retêm mais informações com o uso explícito de elementos visuais, e ainda são mais rápidas no processo. Aliás, você poderá encontrar exemplos da pesquisa usada para esse livro na bibliografia. Embora os textos e as deduções em relação aos jovens sejam irrefutáveis, será que poderíamos dizer que o mesmo processo se aplica aos adultos?

Como já discutido no Capítulo 1, enquanto crianças, todos começamos nosso aprendizado pensando de modo visual. As pesquisas na área de alfabetização visual não adentram extensivamente no aprendizado adulto, sendo assim, para compreender não apenas que o sistema funciona, mas por que ele funciona, utilizaremos a ciência cerebral e as pesquisas cognitivas. Jackie Andrade, pesquisadora da Universidade de Plymouth, demonstrou que, "quando solicitados a gravar informações transmitidas de modo entediante, digamos, durante uma reunião ou palestra, indivíduos acostumados a fazer rabiscos nos cadernos se recordam muito mais dos dados que aqueles que não rabiscam." Depois de uma análise mais aprofundada, Andrade e sua equipe descobriram que os rabiscos de fato impedem que as pessoas divaguem, algo que distrai os seus cérebros e as priva de se concentrar. O fato é que o devaneio exige elevada capacidade de processamento cerebral. O estudo conclui que "o **ato de rabiscar** força o cérebro a usar apenas a energia suficiente para impedi-lo de divagar, mas não tanto a ponto de não permitir que o indivíduo preste atenção àquilo que está sendo dito."

A linha tênue entre prestar atenção e distrair-se (devanear) pode fazer toda a diferença entre a retenção e a motivação para algumas pessoas, em especial para aquelas cujas equipes e organizações são reféns de um número excessivo de sessões de planejamento estratégico, cansativas e entediantes, e que geram poucos resultados.

A partir de pesquisas cognitivas e cerebrais, sabemos que quando os adultos utilizam rabiscos, desenhos e imagens visuais, isso faz com que os **dois lados do cérebro sejam acionados**. Até uma década atrás, os conhecimentos relativos ao funcionamento dos lados direito e esquerdo do cérebro se mantiveram estáticos. Em termos não médicos, já sabíamos que o lado esquerdo estava associado aos negócios, funcionando de maneira analítica, racional, linear e organizada. O uso prioritário do hemisfério esquerdo era comum nos contadores, advogados, engenheiros, médicos e líderes empresariais – todos indivíduos bem-sucedidos. **Nesses papéis, quem precisaria do hemisfério direito do cérebro?**

Tradicionalmente, o lado direito do cérebro tem sido associado à **intuição**, aos relacionamentos, aos sistemas de visão, à aleatoriedade, ao caos, à criatividade e ao pensamento não linear. Artistas, músicos e

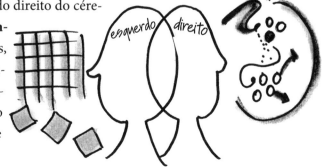

"tipos criativos" são as pessoas que usam mais esse lado do cérebro. Seguramente o pessoal de *marketing* e da área de vendas também precisa do lado direito do cérebro, afinal, seu trabalho é criativo também. Nosso pensamento coletivo era bastante consistente em relação a esses "fatos." Para alguns de nós, bem cedo em nossa educação, estávamos divididos em alunos "criativos" e "mais sérios."

Hoje sabemos que existem importantes estímulos externos que encorajam os dois lados do cérebro a funcionarem juntos. Três desses estímulos são a arte, a música e a matemática. Quando o cérebro humano está envolvido em ouvir ou pensar de modo profundo a respeito de questões relacionadas à **matemática**, à **arte** e à **música**, e inclusive em realizar ações nessas áreas, nossas sinapses neurais "disparam" nos dois lados do cérebro. A arte e a música promovem a elasticidade cerebral, dão sustentação a melhor função cognitiva, ajudam na retenção de informações em todas as áreas e influenciam as habilidades de aprendizado na vida do ser humano.

No passado, costumávamos imaginar os dois lados do cérebro trabalhando de modo independente. Hoje, entretanto, sabemos que ambos os hemisférios operam em conjunto. Em uma atualização de estudos anteriores, Miriam Vered afirma o seguinte: "A imagística visual é outro exemplo (de como os lados esquerdo e direito do nosso cérebro trabalham juntos e de maneira simultânea). Na perspectiva popular (a imagem visual) é uma função do lado direito do cérebro. Porém, experimentos fascinantes já

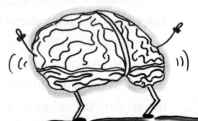

O nosso cérebro dançante

demonstraram que partes específicas tanto do lado esquerdo quanto direito do cérebro são, na verdade, cruciais para uma função cognitiva completa. Estudos na área de imagística cerebral em adultos normais têm mostrado atividade em ambos os hemisférios." A aleatoriedade, os relacionamentos e os sistemas do lado direito do cérebro são organizados de maneira que possamos compreendê-los com a ajuda do lado esquerdo, que é linear e sistemático. Novas conexões, possibilidades e ideias que germinam nos pensamentos do lado esquerdo ganham sentido na maneira como o lado direito organiza essas informações. Todas essas pesquisas sustentam novas maneiras de pensar, trabalhar e potencialmente fazer negócios.

Além disso, as partes centrais do cérebro sustentam a interação entre os dois lados. O córtex pré-frontal (a parte da frente do cérebro humano) "está envolvida nos pensamentos sobre o futuro, em fazer planos e agir." O sistema límbico (na parte central do cérebro) é "um conjunto de estruturas neurais, relacionadas de modo funcional, que está envolvido no comportamento emocional." Todo o complexo sistema neural no cérebro de uma pessoa nos permite observar padrões, imaginar o futuro, reagir emocionalmente e, então, racionalizar nossas decisões com base naquilo que vemos, sentimos e sabemos.

Quando alguém está na sala desenhando, quando nós o estamos fazendo ou ainda quando desenhamos juntamente com outras pessoas, nosso corpo e cérebro se engajam em vários níveis. Estamos visualmente, fisicamente (a caneta, o lápis na mão) e psicologicamente envolvidos. Podemos ouvir a caneta roçar no papel e ver o desenho se formar sobre ele. O conteúdo pode provocar al-

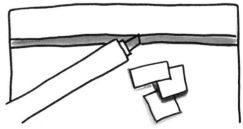

gum tipo de emoção (engajando o sistema límbico). Isso cria extraordinária demanda no cérebro, exigindo que várias de suas partes trabalhem juntas e processem as informações, estabelecendo significados.

O mais surpreendente é o fato de o nosso cérebro conseguir dar conta de tudo isso! Nós nos envolvemos utilizando múltiplos sentidos: **pensamos**, **imaginamos**, **copiamos** e **rabiscamos**. Desenhar é mais ou menos como abrir uma porta. Começamos a pensar de maneiras diferentes daquelas às quais estávamos acostumados quando usamos uma planilha, lemos algo que está escrito em uma página ou ouvimos em uma apresentação. Ou seja, o modo **multidimensional** em que todos nós pensamos, sentimos e vemos as coisas pode ser capturado em um desenho. Isso permite que nós nos relacionemos aos nossos colegas e às suas ideias de maneiras novas e excitantes. Em vez de nos concentrarmos em uma única resposta ou um problema específico, quando nosso cérebro está envolvido em um desenho, ele funciona de um modo multidimensional, que nos encoraja a pensar e demonstrar curiosidade em relação às múltiplas soluções para um problema e/ou desafio – **não pensar somente em uma**. Isso é criação de uma solução em sua forma mais pura, ou seja, em ação, e acontece quando a gente ou **qualquer pessoa desenha!**

Esse tipo de progresso coletivo, tanto em equipes quanto nos negócios, abriga uma grande promessa em termos de inovação e crescimento organizacional. Quando ouvimos as primeiras histórias a respeito de Bill Gates e Steven Ballmer, da Microsoft, e de Steve Jobs, da Apple, admiramos o pensamento anticonvencional, a determinação e a criatividade dessas pessoas. Todos eles trabalharam duro. Eles perceberam a grande diferença que suas ideias poderiam fazer e o que elas seriam capazes de realizar. Esses homens utilizaram vários aspectos de seus cérebros para imaginar e criar produtos que jamais haviam sido imaginados ou criados. Eles usaram ferramentas, diálogos e imagens para estimular a interação entre os lados esquerdo e direito do cérebro e contaram com o sistema límbico para direcionar e guiar seu trabalho. Será que eles estavam cientes daquilo que o cérebro de cada um deles estava realizando? Teriam eles intencionalmente trabalhado de maneiras "diferentes do tradicional"? As histórias desses homens nos dizem que sim. Porém, estariam essas abordagens sintetizadas e multidimensionais disponíveis apenas para alguns poucos eleitos? Dificilmente. Como acabamos de explorar, nosso cérebro não é diferentes dos deles. A distinção está na coragem de trabalhar ao lado de outras pessoas, e de fazê-lo de novas maneiras.

No Capítulo 4 daremos uma olhada na história de Sean e veremos como ele e sua equipe se utilizaram de imagens e figuras para destrancar a porta das possibilidades nos negócios.

CAPÍTULO 4

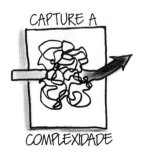

Não é difícil entender o que aconteceu com Sean e sua equipe no Capítulo 2, tampouco raro. Em geral, transformar um negócio demanda **boa liderança, concentração, direção, persistência**, além de **planejamento** e **muito trabalho**. Diferente nessa situação foi o modo como Sean e sua equipe realizaram tudo isso.

Há três princípios simples em ação que podem assegurar que as figuras (desenhos, imagens) apoiem qualquer estratégia de negócios para ser implementada, independentemente dos modelos ou das abordagens utilizadas para criar essa estratégia. Imagens combinadas a esses princípios são capazes de ajudar a priorizar a direção a ser tomada e também a simplificar e clarificar as ações e as possibilidades, tudo isso em menos tempo, com menos gastos e com resultados incríveis.

Os três princípios são:

Imaginar mentalmente o resultado.

Capturar a complexidade.

Criar possibilidades.

Nas três próximas sessões, a história de Sean será usada como pano de fundo para que os três princípios mencionados sejam devidamente explicados. As características principais de cada princípio serão combinadas a *insights* e perspectivas dos praticantes, clientes e consumidores, bem como associadas a imagens visuais que irão ajudá-lo a recordar esses atributos. O objetivo é tornar cada princípio memorável e fácil de usar, de modo que você possa utilizá-lo imediatamente em seu ambiente profissional. Depois de alguma prática e experimentação, as equipes de trabalho vão se perceber utilizando esses princípios como uma maneira de estruturar e organizar visual e operacionalmente suas atividades. Eles serão as ferramentas essenciais empregadas no desenho de sua estratégia de negócios.

ATO NÚMERO UM: IMAGINE MENTALMENTE O RESULTADO

Conforme iniciou sua busca por soluções para melhorar o desempenho de sua área, Sean tinha em mente uma **ideia** do que desejava alcançar com sua equipe e sua divisão. Embora não pudesse visualizar completamente o desenlace, considerando sua pouca experiência na empresa, ele confiava que seria capaz de obter algum resultado. Ao se valer dos *insights* e da experiência das pessoas do setor, e também da assistência de Daniel, a divisão 1º) criou uma visão do seu próprio futuro que todos os funcionários conseguiam visualizar; 2º) identificou as atividades apropriadas que seriam desenvolvidas; e 3º) contou com a transformação da figura à medida que o grupo alcançasse progresso. Então, armado com uma imagem que todos compartilhavam, Sean começou o árduo trabalho de reconstruir a divisão e criar novas possibilidades.

Em qualquer processo de desenvolvimento de uma estratégia de negócios, **visualizar** o resultado é um dos melhores pontos de partida. Essa prática permite que todos os envolvidos se concentrem e sigam em uma direção clara e específica. Cada membro da equipe percebe o seu papel e suas responsabilidades e se compromete a lutar por objetivos que sustentem o resultado final. Quando há vários interessados no processo, a criação de imagens, tanto dos efeitos individuais quanto dos organizacionais, ajuda em termos de **alinhamento, clarificação** e **gerenciamento do sucesso**. Imagens de um projeto complexo podem ser usadas para permitir que todos os integrantes da equipe verifiquem regularmente o seu andamento e se certifiquem de que estão no curso certo e obedecendo àquilo que foi previamente acordado. A supervisão e a correção de curso tornam-se mais fáceis, pois, se alguém percebe algo que precisa ser alterado – e que não está no mapa –, **pode agir, a fim de mudar**.

Um bom exemplo disso aconteceu com um cliente enquanto discutíamos uma complexa alteração na área de tecnologia de informação (TI) na empresa. As mudanças no sistema e nos processos estavam ocorrendo simultaneamente em 12 países em todo o mundo; o projeto envolvia pessoas de vários setores (comercial, pesquisas, desenvolvimento de produtos, vendas e operações). Elas também abrangiam pessoas em diferentes fusos horários, com idiomas distintos e culturas dissimilares. O novo produto na área de TI representava uma mudança importante para a companhia; muitos *stakeholders* precisariam ser engajados no processo, instruídos e comunicados sobre as alterações. Quando perguntei à cliente: "Qual seria o melhor resultado positivo para você e para esse projeto?", ela passou a descrever um sistema que fosse simples, integrado e que oferecesse resultados melhores que os que a empresa vinha registrando até o momento. Seu mapa parecia uma pirâmide. Conforme nos concentramos nos detalhes específicos relacionados ao resultado desejado, tornou-se claro para ela quem era o consumidor-chave naquele processo. Ela começou a imaginar os veículos de comunicação cruciais que seriam necessários, bem como as estratégias operacionais específicas de que precisariam para assegurar que todas as partes do sistema fossem capazes de se beneficiar das mudanças. Confiando no conhecimento combinado de todas as pessoas da empresa e nos relacionamentos que mantinha com todos os *stakeholders*, ela pôde ver como tudo o que ela imaginara de fato funcionaria com todos os envolvidos e ajudaria a empresa a alcançar o efeito desejado. Tudo estava em uma figura que ela própria ajudara a desenhar. Ela levou a figura para sua equipe de projetos e eles a usaram para gerar ações de efeito cascata, estabelecer *benchmarks*[1] e definir o cronograma necessário.

A **imaginação** é algo positivo. A partir de uma "perspectiva neurocientífica", imaginar uma ação e realizá-la não é algo tão diferente como pode parecer. Norman Doidge, M.D. (autor do livro *O Cérebro que Se Transforma*[2]) compartilha conosco o modo como as mesmas partes do cérebro são ativadas quando o ser humano pratica uma ação ou apenas a imagina. "É por isso que a visualização é capaz de aprimorar o desempenho," ele afirma. Pela ótica da ciência cerebral, o córtex pré-frontal, lar da imaginação, ajuda o indivíduo a ver as coisas além do que é possível no presente. O sistema límbico, a casa da intuição, oferece o

---

1 – Termo usado em inglês para descrever a busca constante das empresas por melhores práticas que lhes garantam desempenhos superiores, cada qual em seu próprio setor. (N.T.)

2 – Editora Record, 2011. (N.T.)

"teste de coragem" necessário para avaliar o que é imaginado em termos de realidade e relevância. Claramente, as figuras representam um dos poucos meios de comunicação capazes de capturar adequadamente tanto a **imaginação** quanto a **intuição**, no que se refere à conexão entre a imaginação e a realização de uma ação. Os resultados mais bem-sucedidos são os que as pessoas conseguem "antever" (ou seja, são capazes de imaginar e sentir) e então fazeracontecer. Uma imagem nos oferece uma estrutura que podemos utilizar para testar nossas suposições e racionalizar mudanças, tudo isso enquanto ainda nos expandimos além do presente e do real.

Doidge se refere a essa atividade como "prática mental." É a mesma técnica que atletas e músicos utilizam ao se preparar para uma competição, uma apresentação ou um grande evento. Eles se imaginam em qualquer situação e/ou condição possível e, então, todo o conhecimento, a habilidade e o talento desses profissionais os ajudam a superá-las. Eles se veem realizando suas atividades com facilidade e empenho, e o efeito disso é pura excelência. A prática mental de repetir essa técnica várias e várias vezes produz resultados vencedores.

Porém, essa atividade não se resume apenas ao domínio de músicos e atletas. Qualquer trabalhador, seja ele funcionário, dono de um negócio ou líder empresarial pode utilizar essa mesma estratégia para visualizar bons resultados, cada qual em sua área de atuação. Essa visão começa a ganhar forma à medida que diferentes aspectos de uma solução, de um produto, serviço ou processo são discutidos, trabalhados e retrabalhados na mente dos envolvidos e também entre os grupos que participam do projeto. Usando a experiência e o conhecimento de todos os participantes, todas as possibilidades são exploradas, incluindo as recompensas e os riscos envolvidos. Como ocorre com os atletas, pessoas e equipes se certificam de terem compreendido perfeitamente o quadro que criaram. Elas ensaiam o resultado desejado em suas mentes e conversações. A "imagem" (visão) de uma ação ou atividade futura é algo poderoso e convincente, e tem grande significado. Trata-se de algo ao qual o indivíduo e/ou a equipe pertence(m). A figura torna-se parte das pessoas.

Porém, antes de se concentrar em um resultado específico, é muito importante que você compartilhe e discuta suas ideias com outras pessoas além de sua equipe. Um quadro ainda mais rico do que será possível alcançar poderá ser criado com a inclusão de comentários, perguntas e contribuições de outras pessoas. É fácil ser levado pela energia do processo e pensar: **"Perfeito! Conseguimos!"**. Vá devagar. Ficar preso a uma imagem ou a um resultado específicos pode limitar a adesão de outras pessoas ao processo e diminuir o aprendizado que advém justamente da consulta a outros indivíduos e do compartilhamento da própria figura e dos resultados com eles. Ao se concentrar em uma única forma de ver o quadro, é possível que você e sua equipe impeçam que outras pessoas interessadas compartilhem suas conexões e seus *insights*. Desse modo, elas podem imaginar que você já pensou em tudo sozinho e que está apenas solicitando informações depois do fato consumado. Uma equipe ligada ao resultado esperado defende sua posição, vende a imagem estabelecida e, inclusive, explica várias coisas sobre essa figura para os outros antes mesmo que você tenha conseguido conversar com essas pessoas e se certificar de que elas próprias "compreenderam a ideia corretamente."

Um dos benefícios de se compartilhar um quadro incompleto, cujo resultado ainda não está totalmente definido, é a oportunidade de reunir inteligência coletiva sobre a questão. O conhecimento colhido nessas sessões colaborativas pode alterar não somente o quadro final, mas o próprio sistema de trabalho adotado. Alguns de meus clientes indicaram que a inteligência coletiva reunida por eles durante sessões colaborativas rendeu "informações perdidas", "detalhes até então não considerados" e "novas estratégias e oportunidades não percebidas" e ainda promoveu o alcance de "resultados rápidos" pelas empresas. O objetivo de se ter uma estratégia de negócios no formato de imagens é justamente criar algo em conjunto não apenas com sua equipe, mas também com outras pessoas com as quais você trabalha. A ideia, portanto, não é apresentar a elas um **"resultado final"** em termos de estratégia, ações e resultados. Os resultados finais serão muito diferentes. Veja um exemplo.

Enquanto eu trabalhava com uma bem-sucedida empresa de tecnologia em Londres, a equipe de vendas vislumbrou uma nova maneira de interagir com os 25 maiores clientes da companhia. Os agentes comerciais da organização estavam frustrados pela falta de atenção dispensada pelos grandes avaliadores desses 25 clientes em relação ao seu produto *on-line*. Uma série de sessões de discussão e mapeamento com a equipe de vendas revelou que os executivos seniores responsáveis pelas decisões em termos de investimentos em *marketing* nunca estavam presentes quando o setor de vendas defendia investimentos *on-line*.

Ou seja, justamente as pessoas que possuíam os recursos para investir mais em *marketing on-line* desconheciam a eficiência do produto *on-line* da empresa. A equipe de vendas idealizou um meio de fazer que esses executivos seniores tivessem uma "experiência visual" em que os clientes e a equipe comercial pudessem ver o produto *on-line* como um meio direto de aumentar as vendas gerais da empresa. Conforme a equipe comercial começou a mapear visualmente a experiência que desejava com os executivos seniores, o objetivo final se tornou evidente: aumentar em 20% as vendas anuais diretas aos 25 maiores clientes da companhia. Para atingir esse objetivo, os membros da equipe comercial criaram uma estratégia cujo objetivo seria engajar e inspirar a empresa e seus maiores clientes, fazendo que ambos os lados trabalhassem em conjunto visando melhores resultados mútuos.

No final, eles conseguiram criar um modelo visual customizado em grande escala, além de um manual fácil de utilizar com todo o processo. Esse material foi entregue tanto aos gerentes de vendas quanto aos contadores da empresa, para que estes os implementassem junto aos clientes exclusivos. As sessões foram rápidas – apenas 90 min cada uma. Durante os encontros, a equipe de vendas e os gerentes do setor de contabilidade usaram um conjunto específico de perguntas que permitiu a todos os participantes do processo explorarem maneiras de aprimorar a relação entre os dois lados – empresa e clientes –, aumentar os lucros e compartilhar ideias sobre o que cada parte estaria disposta a fazer para promover as mudanças. Então, capturaram as conversas e os compromissos usando um modelo visual em que cada cor representava uma ação específica. Por meio desse processo simples, rápido e bastante envolvente, a empresa atingiu com facilidade sua meta de ampliação de vendas em 20%. A equipe também criou novos relacionamentos com executivos seniores que, por sua vez, envolveram múltiplos níveis da empresa – setor técnico, vendas, *marketing* e estratégia de negócios –, por meio de abordagens únicas e produtivas. Todos que faziam parte da cadeia de abastecimento da empresa quiseram se envolver no processo.

Sabine Soeder, consultora de negócios, ilustradora estratégica e arquiteta especializada em iluminação artificial, de Dresden, na Alemanha, refletiu sobre a grande eficácia do uso de figuras e estratégias cocriadas, dizendo: "Utensílios visuais representam uma ótima ferramenta de apoio à comunicação, à construção de pontes de entendimento e à transformação de questões complexas em elementos mais visíveis e tangíveis e, em última análise, ao espelhamento da situação real. Diferentes aspectos da organização e do processo incluem as perspectivas, ideias e visões das pessoas. Todos têm a chance de **'ver'** absolutamente tudo – processos, ideias e diálogos. Eles compreendem o que está exposto e são capazes de mais facilmente tomar decisões que levem a ações e resultados concretos."

Conversar e compartilhar informações sobre o que está acontecendo em um negócio faz parte da vida real. Isso pode ocorrer de modo velado (no cantinho da mesa de um café) ou abertamente (em uma reunião formal ao estilo assembleia). O uso de uma abordagem informal e conversacional permite que todos os colegas vejam o quadro todo, imaginem o resultado e contribuam com ideias e *insights* que podem não ter sido considerados no raciocínio inicial. Algumas nuanças e sutilezas existentes entre as estruturas de notificação, as culturas e os sistemas organizacionais de uma empresa – e também dentro de cada um deles – são trazidas à tona à medida que as equipes e os participantes externos discutem sobre eles. O quadro do resultado final se torna mais exato e real conforme mais pessoas o discutem.

À medida que os resultados imaginados são socializados e todos os colegas compartilham o que pensam a respeito daquilo que veem, líderes e outros membros da equipe começam a observar a organização através dos olhos de seus subordinados, ou seja, das pessoas que trabalham para eles e junto deles. Com frequência, líderes e integrantes da equipe percebem padrões, realimentações negativas e lacunas no sistema que simplesmente não foram vistos anteriormente. **Por quê?** Simples, porque, como já dizia o ditado: **"Uma imagem vale mais que mil palavras"**; figuras significam diferentes coisas para pessoas distintas. Em um contexto organizacional, as imagens geralmente refletem atividades que ocorrem simultaneamente; isso inclui prioridades concorrentes, direções conflitantes e muita co\nfusão. Quando as ideias são apresentadas, toda contribuição é "correta" e tudo o que é dito **importa**.

Tendo em vista que não existe interpretação certa ou errada para uma figura, não se corre o risco de "editar" significados nem de discutir sobre o significado delas. O consenso em torno de uma imagem ajuda a estabelecer a base de alinhamento que servirá como ponto de partida para o sucesso da equipe e da organização como um todo. Isso se aplica particularmente em ambientes multiculturais, em que, independentemente do idioma, as pessoas conseguem sobrepujar o desconforto com a possibilidade de "não entenderem o que está sendo dito verbalmente" e apenas discutir o que veem em uma imagem relevante para o negócio. Esse tipo de discussão é perspicaz e utiliza uma abordagem conversacional no lugar de uma mera apresentação de dados. O diálogo abre

caminho para um trabalho mais aprofundado na criação de soluções por meio do alinhamento de ideias, do consenso e do acordo. No final do dia, torna-se mais fácil fazer com que as pessoas concordem a respeito de uma imagem do que em relação a um documento escrito.

Imaginar e compartilhar imagens dos resultados também é algo libertador. Em seu livro *Strategic Vision Work* (*Trabalho com Visão Estratégica*), o autor e estrategista Ulric Rudebeck comenta: "Agora é o momento de deixar que os membros de sua equipe tenham liberdade de usar a própria imaginação. O trabalho com imagens e figuras dá às pessoas essa liberdade. Intuição, criatividade e sentimentos reduzem o risco de se ficar paralisado por conta de detalhes e escolha de palavras." A liberdade e a criatividade descritas anteriormente, além de possibilitarem novas maneiras de pensar, também criam nova energia no que diz respeito ao que pensamos sobre o futuro e à maneira que o realizamos. Essa energia e esse ímpeto são partes do processo coletivo e são justamente esses elementos que abastecem os novos estágios: **planejamento** e **execução do projeto**.

As imagens criam uma estrutura mental e física para determinado resultado, e, quando compartilhadas, são incrivelmente poderosas para indivíduos e organizações. Individualmente, as imagens mostram o que é desejado, mantendo um olho naquilo em que acreditamos, que é exequível e por quê. Conforme cada pessoa se torna um *stakeholder* no quadro, ela se prende e se concentra naquilo que será o próximo passo para ela pessoalmente. Os membros da equipe e os funcionários criam sua própria "prática mental" à medida que perguntam, olham e refletem sobre o resultado apresentado nas imagens. Eles conseguem ver as ideias as quais eles próprios contribuíram para o quadro, ou podem gravitar rumo àquelas que fazem mais sentido para eles próprios. Considerando que essa é uma imagem e não uma carta, um contrato ou relatório, as pessoas podem rapidamente examinar e sintetizar o que foi coberto e, então, discernir como elas se encaixam no todo.

Para a organização, ver, compreender e clarificar o resultado são questões críticas. Esse esclarecimento serve como um leme, um guia ou uma "estrela do norte" no meio de sistemas complexos, relacionamentos tensos, pressões competitivas e lutas pelo poder que prevalecem em todos os negócios.

De líderes a empregados iniciantes, todos estão de olho na direção em que o empreendimento está caminhando; todos desejam saber porque ele está seguindo nessa direção e quais são os planos para levá-lo até lá. Toda a ideia por trás da "estrela do norte" é que todos na organização, independentemente de onde trabalhem, possam vê-la. Como mencionado anteriormente, há clareza em relação àquilo que a equipe está buscando e ao que se faz necessário para alcançá-lo.

No final, o negócio se torna bem-sucedido quando todos os funcionários se envolvem em alguma parte do processo. Se você quiser que as pessoas se engajem no resultado, é preciso permitir que elas compartilhem o desenho desse resultado. Isso poderá exigir que o quadro original imaginado por você seja alterado e sofra uma metamorfose. Se este for o caso, prepare-se para ver seus funcionários e suas equipes sentirem-se gratos e apreciar o convite para tornarem-se parte do processo. A probabilidade de os colaboradores que se percebem como parte do quadro geral trabalharem rumo à concretização do quadro, em vez de apenas seguir ordens, é bem maior. Enquanto visualizar o resultado soa fácil e simples, isso ainda não acontece na maioria das empresas do mundo.

Uma última palavra a respeito de **visualizar** o quadro: dentro dos ambientes exigentes em que trabalhamos, há uma enorme pressão no sentido de se criar o "resultado certo" e de fazê-lo imediatamente. Considerando o ambiente e o mercado em que vivemos e trabalhamos em constante mudança, acreditar que qualquer um seja capaz de criar o "resultado certo" desde o início é pouco inteligente, além de uma crença fadada ao fracasso. A revista *Harvard Business Review* está repleta de estudos de casos sobre empreendimentos que criaram ou permaneceram com uma **"solução"** a qual acreditaram que o mundo desejava. O resultado final é que a solução foi **rejeitada**, ou de que o mundo mudou e seu produto ou serviço não. No século XXI, a habilidade de um negócio ser ágil e responsivo é crucial. O sucesso de qualquer organização está em sua capacidade de antecipar a necessidade do cliente, ir ao encontro dela no momento e na escala certos, e fazer as adaptações que precisarem ser feitas. Você, sua equipe e o seu negócio precisam permitir que os resultados imaginados se alterem da maneira correta. À medida que você e sua equipe começarem a entender o que realmente importa para o seu consumidor, seus colaboradores e sua empresa, os resultados imaginados irão mudar. Mas tudo bem, pois, na verdade, é justamente aí que se esconde a chave para o sucesso. Não há fórmula secreta para se alcançar o resultado correto. Em um ambiente que muda de maneira dinâmica e constante, existem alguns **truques** que devemos sempre ter em mente:

- **Acredite em seu conhecimento**. Você está em seu papel e em sua posição na empresa, por conta do que sabe e daquilo que já fez.

- **Confie em sua história, em sua experiência e em seus relacionamentos**. Eles representam recursos importantíssimos com os quais você poderá contar para avaliar e corrigir o curso adotado, do modo como quiser e precisar.

- **Conte com o conhecimento tanto daqueles que trabalham para você quanto dos que não trabalham**. Perspectivas diferentes podem ajudá-lo a determinar que elementos do seu resultado poderão mudar e quais permanecerão iguais.

- **Compartilhe o quadro do possível resultado com o maior número de pessoas**. Isso lhe permitirá concentrar-se em seu objetivo e, ao mesmo tempo, mudar o que for necessário.

- **Não tenha medo de mudar o resultado** quando tiver **boas evidências**, **informações e razões para efetuar alterações**. Em geral, isso é a voz do mercado.

Quando você cria o quadro de um resultado, isso representa um catalisador para outras coisas. Criar um quadro compartilhado de um resultado pode transformar uma equipe deprimida em outra engajada e motivada, pela simples inclusão das ideias dos membros no quadro geral. Sua imagem também oferece foco crítico e direção que mantém todos no curso, sabendo o que precisam fazer, quando e por quê. Como um resumo de aspectos cruciais para a formatação de resultados, aí vão seis sugestões:

1. Crie um quadro do resultado. Acredite em si e em suas ideias.

2. Use sua imaginação e intuição para testar suas suposições e embasar suas ideias.

3. Discuta sua imagem com outros membros de sua equipe e organização para adquirir um quadro mais rico e detalhado do que eles veem como possíveis resultados.

4. Construa a base para alinhamento e concordância usando um quadro com suas ideias, estratégias e seus resultados.

5. Não se prenda demais ao resultado que visualiza nem acredite que exista um "resultado correto". Em vez disso, fique atento a padrões, desafios e outras condições do sistema que possam se colocar em seu caminho rumo ao sucesso.

6. Não tenha medo de alterar o resultado com base em novas informações de colegas e companheiros, do mercado ou de dados que sugiram a necessidade de alterações.

ATO DOIS: CAPTURE A COMPLEXIDADE

Enquanto Sean e sua equipe estavam criando uma série de resultados e agindo sobre eles ao utilizar seu mapa, eles também estavam imbuídos em reunir informações complexas sobre aquela divisão da empresa. Conforme todos do departamento se engajaram no processo, um maior número de complexidades se revelou, e Sean começou a ver os padrões e os comportamentos que justamente levaram a divisão a enfrentar aquelas dificuldades. Sua visão dos negócios se ampliou à medida que ele aprendeu mais sobre ele conforme as camadas de complexidade também se revelaram. Sean percebeu os desafios e as inconsistências políticas, operacionais e funcionais, mas não tinha certeza do que fazer com toda essa informação. E, pelo fato de Daniel ter conseguido capturar esses problemas em seu mapa, outros agora também conseguiam "vê-los". Conforme as equipes e os indivíduos tiveram acesso ao quadro complexo que se revelava, suas percepções em relação à divisão e ao seu trabalho também mudaram. De algum modo, as complexidades se tornaram administráveis e já não inibiam o foco e a ação. Toda a divisão conseguiu definir prioridades. As pessoas sabiam no que deveriam se concentrar para atingir seus objetivos. A complexidade está no centro da história de Sean, do mesmo modo como está no centro de praticamente qualquer empreendimento nos dias de hoje.

As camadas de complexidade que experimentamos em nosso ambiente de trabalho nos afastam das inovações e nos forçam a enfrentar burocracia e um nível de detalhe que não compreendemos (nem com o qual nos importamos). Sentimo-nos confusos em definir o que as pessoas desejam e também o que nós mesmos queremos delas. Com um pé na era industrial e outro no futuro, tentamos entender o **passado**, o **presente** e o **futuro**, tudo ao mesmo tempo.

Em todos os setores, líderes e suas equipes tentam equilibrar influências externas e novas oportunidades com administração diária e supervisão que entreguem valor. Isso cria um ambiente de trabalho que é, no mínimo, desconcertante e, em alguns casos, aterrorizante. Em seu artigo para o *Harvard Business Review, Accelerate!*, John Kotter afirmou: "As estruturas hierárquicas e os processos organizacionais que temos usado nas últimas décadas para comandar e aprimorar nossas empresas já não são capazes de dar conta da tarefa de vencer (ou sobreviver) neste mundo acelerado. Na verdade, eles podem inclusive prejudicar nossas tentativas de competir em um mercado no qual as descontinuidades são mais frequentes e as inovações sempre precisam estar prontas para enfrentar novos problemas."

Os setores líderes e suas equipes precisam de uma maneira rápida e simples para superar a complexidade, que lhes permita serem ao mesmo tempo **estratégicos** e **operacionais**. Com muita frequência, os administradores fracassam em ver as conexões e as condições que contribuem para o sucesso e também para processar os detalhes necessários para fazer com que o sucesso aconteça. Decisões comerciais feitas hoje exercem impacto no desempenho de amanhã e, com tanta confusão, contradição e complexidade, como sabemos o que é "verdade"? Como podemos dizer o que é ou não relevante para os negócios hoje em dia? Há uma lacuna clara e óbvia entre as coisas que as equipes e seus líderes percebem como certas ou erradas, e a verdadeira realidade. Chamo a essa situação de **lacuna de percepção da realidade**."

As percepções incluem as histórias e os mitos que circulam no cantinho do café e entre os funcionários mais antigos e os novos. Elas também incluem suposições e expectativas que se mantêm, mas nunca são articuladas ou discutidas. Todas as pessoas não experimentam essas mesmas coisas no trabalho? **Não, não experimentam!** As pessoas não veem nem experimentam as mesmas coisas, tampouco as equipes. Cada um de nós cria sua própria realidade a cada momento do dia. Isso é o mais belo em ser um ser humano, e todos o fazemos.

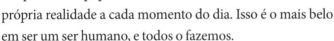

A percepção é uma parte de como os seres humanos sobrevivem biologicamente. Nossos sistemas biológicos mais básicos e sofisticados asseguram nossa sobrevivência em praticamente qualquer ambiente, condição ou circunstância. Usando uma rede de neurônios, nosso cérebro envia mensagens que nos dizem para fazer o que é necessário dentro de cada situação – resolver um problema, criar, desenvolver estratégias, planejar, evitar, comandar ou congelar. Essas ações asseguram a sobrevivência individual. Parte da estratégia evolucionária que envolve a sobrevivência é a habilidade do nosso cérebro de ordenar e priorizar informações e deixar de lado as que não são tão importantes ou relevantes para a nossa sobrevivência. A habilidade de cada pessoa fazer isso é individual e única. Parte dessa habilidade de ordenação é **química**, parte é **ambiental**, mas a maior parte depende de **como crescemos e fomos criados**. O que cada um de nós aprendeu em relação ao mundo enquanto criança, nos fará ver, experimentar e vi-

venciar o mundo de determinada maneira. Essa ordenação e esse processamento acontecem muitas milhares de vezes ao dia e de maneiras que mal percebemos. A nossa função cerebral prioriza o tipo de informação que consideramos importantes e aquilo em que escolhemos nos concentrar. Essa habilidade de ordenar e deixar de lado o que não interessa nos protege física e mentalmente. Em termos físicos, podemos optar por correr ou lutar, independentemente de qual seja o "ataque", com base nas mensagens que o cérebro recebe, processa e envia. Mentalmente, nosso cérebro encontra maneiras de atribuir sentido às mensagens que recebemos e que nos ajudam a administrar os sentimentos de sobrecarga, intensidade, nervosismo ou medo.

Cada pessoa faz isso, com poucas exceções (indivíduos autistas enfrentam outros desafios um pouco diferentes, que não serão discutidos aqui). Pense nas centenas de pessoas dentro de um sistema denominado "empresa", cada qual **com interpretações levemente distintas de conceitos** como **"competição"**, **"desempenho"** e **"sucesso"**. É fácil, portanto, entender por que há problemas tão complexos nas companhias. Empresas são sistemas planejados para fazer coisas, vendê-las e lucrar. Conforme as pessoas são agregadas a essa mistura, juntamente com suas próprias culturas, diferentes idiomas, valores individuais e percepções, os atos de criar, vender e entregar produtos ou serviços tornam-se, no mínimo, complicados.

Figuras e imagens usadas em um contexto empresarial ajudam a "conter" e capturar as percepções e as realidades das pessoas na organização. Quando as pessoas compartilham o modo como veem e experimentam os negócios e alguém coloca essas imagens no papel, algumas coisas importantes acabam acontecendo. Carlos Mota, hábil facilitador e consultor comercial do México, define da seguinte maneira: "Não é que toda a complexidade e todos os seus componentes desapareçam. Quando capturamos as histórias e visões de modo visual, conseguimos obter o suficiente em termos de detalhes para compreender as dinâmicas e os relacionamentos, mas nem tanto, a ponto de atulhar nossos pensamentos. As imagens visuais nos permitem sobrepujar a complexidade e ver (o sistema) como um quadro geral. Quando conseguimos ver tudo do alto, começamos a compreender as conexões e as dinâmicas entre as coisas." Passamos a discernir o que de fato é uma percepção (por exemplo, uma assunção, uma opinião fixa ou uma impressão que temos a respeito de algo) e o que é, para a maioria, uma realidade (ou seja, lucros caindo, funcionários deixando a empresa ou a concorrência ganhando fatias de mercado).

No início de minha vida profissional, trabalhei com uma extraordinária empresa norte-americana. A equipe de liderança era sofisticada, bem-educada e experiente. A companhia possuía uma forte filosofia de incluir pessoas de todos os níveis hierárquicos em seu amplo planejamento estratégico. A empresa operava em um setor crescente que lhe permitia criar e testar novos produtos junto a seus clientes leais. Parecia que todos os astros estavam alinhados para que essa organização continuasse crescendo e fazendo ótimos negócios. Todavia, ao longo dos últimos vinte anos, a companhia encolheu para cerca de um quarto de sua mão de obra original e se tornou uma sombra do que foi no passado. **O que aconteceu?**

Havia uma lacuna entre a **percepção** e a **realidade**. Essa empresa possuía, no passado, um contrato governamental bastante lucrativo que sustentava a base de seus negócios.

Isso lhe permitia inovar e criar novos produtos para seus clientes. Porém, contratos com o governo expiram e é preciso competir novamente para mantê-los. Os líderes da empresa acreditaram que a renovação era **"certa"**. A empresa contava com todos os contatos internos de que precisava, e, embora seus produtos tivessem recentemente perdido a proteção de patentes, eles dominavam o setor. Os líderes estavam convencidos de que jamais perderiam seus contratos com o governo. Entretanto, essas lideranças tinham um enorme ponto cego. O principal produto que forneciam ao governo estava ultrapassado. Com a patente expirada, bem como o contrato, os concorrentes viram uma oportunidade de oferecer alternativas mais integradas e de qualidade superior, com a intenção específica de capturar esses contratos. E foi isso o que fizeram.

Essa não é a primeira vez que algo assim acontece com um empreendimento, mas quando a lacuna entre a verdadeira realidade e aquilo que é percebido como realidade se torna tão amplo quanto o Grand Canyon, ações precisam ser implementadas a fim de resolver o problema. Organizações e equipes que estão enfrentando esse tipo de desafio podem abraçar processos tradicionais e relevantes que já conhecem (como análise de hiato, análise FFOA) para aprender mais sobre as lacunas. Nos olhos da administração, esses modelos e essas abordagens são legítimos para se adotar com colegas enquanto o cérebro diminui seu ritmo para poder refletir e usa a oportunidade para, idealmente, produzir resultados diferentes. As imagens são altamente eficientes em todos esses processos. Quando conduzimos uma análise em um grande pedaço de papel, com imagens e cores, talvez possa parecer confuso, mas os empregados e as equipes conseguirão ver a lacuna e imediatamente começar a pensar em maneiras de erradicá-la.

Para se chegar ao âmago da complexidade o mais rápido que o sistema permitir, as equipes precisam passar mais tempo pensando a respeito das perguntas que fazem dentro de um dos modelos de negócio que aplicam. Perguntas mais focadas levam a respostas melhores e também mais focadas. Por exemplo, em uma análise FFOA, olhando para a categoria de **"Forças"**, uma equipe poderia perguntar: **"No que somos bons?"**. Mas será que a análise produziria resultado diferente se a pergunta fosse: "O que estamos fazendo quando nossa empresa está em seu melhor desempenho? O que estamos dizendo? O que estamos produzindo?" Ou, quando a equipe considera **"Ameaças"** no processo FFOA, ela pode questionar: **"Quais são os pontos fortes dos nossos concorrentes? Como sabemos disso? Em que sentido somos diferentes?"** para obter um novo conhecimento que elimine de modo eficiente a lacuna entre a percepção e a realidade – e **rápido**!

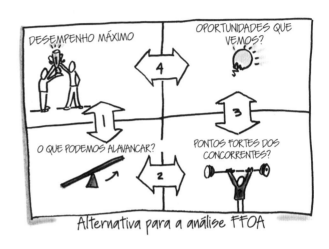

Alternativa para a análise FFOA

Investir tempo em pensar de modo diferente sobre as perguntas feitas nesses processos produzirá imagens com a maior parte da complexidade que um negócio poderá enfrentar, e, ao mesmo tempo, revelará rapidamente barreiras e pressuposições erradas. Em um mapa, é possível apontar para uma suposição e aprofundar-se nela, perguntando: **"Por que pensamos assim?"** Essa é uma maneira eficiente de remover camadas de complexidade de modo que possamos compreender o que é **urgente** e o que é **distração**. Imagens e metáforas apresentadas com perguntas melhores e mais relevantes conseguem capturar mais eficientemente a complexidade da situação, e de maneiras que permitam às equipes de fato "vê-las". Elas observam a situação de cima para perceber as relações críticas e para reconhecer pontos cegos e outros elementos que provavelmente estejam segurando a empresa, impedindo-a de alcançar o sucesso.

Captar a complexidade é uma maneira de pensar sobre as várias forças que exercem influência sobre o negócio, e dentro dele, como dinâmicas operacionais e funcionais, concorrência e mercados que enfrentam encolhimento e mudanças, o histórico da organização e importantes relacionamentos para a equipe que podem estar amarrados, mas que sejam relevantes para novas oportunidades. Essas camadas de complexidade formam o tecido dos empreendimentos de hoje. As **"fibras"** contêm informações importantes sobre o DNA da organização, a nossa cultura, as suposições que fizemos e sobre como o trabalho é realizado. Se apenas um pequeno grupo de pessoas captura as complexidades que vê, mas não compartilha esse resultado com ninguém, esses indivíduos se encontram vivendo uma situação que eles próprios criaram. Isso pode ou não representar uma realidade dentro dos negócios. A única maneira de se **"verificar"** as complexidades é socializando as imagens, ouvindo o que os demais têm a dizer a respeito do que veem e avaliar as informações com outros integrantes do negócio com base nas abordagens utilizadas. Se você tem uma única página que oferece representação visual colorida, levará pouco tempo para indivíduos e equipes começarem a ponderar e a discutir sobre o que veem em relação ao que está capturado no mapa original.

A colaboração para compreender o que os outros veem como complexo, de fato contribui no sentido de reduzir a lacuna entre a autopercepção da equipe em um dado ambiente e realidade. Não se trata aqui de uma colaboração visando construir moral ou aumentar a nota em uma pesquisa de satisfação de funcionários. Trata-se de colaboração para se coletar inteligência empresarial e ganhar mais clareza em relação a questões-chave para que o empreendimento possa operar bem, sem grandes esforços e de modo contínuo. A boa notícia é que a colaboração, o trabalho em equipe e a coordenação são mais comuns nos negócios atualmente do que jamais foram. "Quando iniciamos esse processo com uma das equipes seniores mais importantes", disse um colega numa grande corporação multinacional, "o quadro que eles descreveram e minhas observações pessoais eram completamente diferentes. Isso explicava perfeitamente a razão pela qual estávamos enfrentando problemas. Eles viam a lacuna, assim como eu. Começamos a ver como poderíamos ajudar uns aos outros ao nos concentrarmos no que era importante ao ambiente de negócios e naquilo que importava para que a empresa continuasse entregando resultados."

John Chambers, CEO da Cisco durante muitos anos, refletiu sobre essa mudança nos negócios em uma entrevista para o *The New York Times*: "Sou uma pessoa de comando e controle", explicou. "Gosto de poder dizer 'vire à direita' e então teremos 67 mil pessoas virando à direita. Mas esse é um estilo do passado. O mundo de hoje exige um estilo de liderança diferente – com mais colaboração e trabalho em equipe." Chambers mudou seu estilo de liderança a fim de incluir e envolver mais pessoas em toda a empresa porque isso fez sentido para seus negócios.

No livro *Éramos Nós – a Crise Americana e Como Resolvê-la*, os autores Thomas Friedman e Michael Mandlebaum compartilham uma entrevista com Ellen Kullman, a décima nona CEO da DuPont (de 2009). Kullman descreve em detalhes o que ela procura em cada funcionário que a empresa contrata, desde o vice-presidente sênior até o funcionário de linha de produção. "Queremos que todos os funcionários estejam presentes na sala. (...) Hoje precisamos de pessoas que possam pensar, interagir e colaborar. Mas, para fazê-lo, todos precisam estar engajados e atentos – eles devem estar presentes – de modo que não estejam apenas ocupando espaço na empresa, mas que sejam capazes de acrescentar ao grupo. Seja qual for sua função na empresa, a pessoa precisa compreender de que maneira seu trabalho acrescenta valor ao todo (na cadeia de valor)", enfatizou Ellen Kullman.

Um resultado direto do foco em colaboração e trabalho em equipe é o fato de as pessoas esperarem e quererem estar envolvidas em processos que podem ajudá-las a realizar melhor o seu trabalho e agregar valor. Incluir outras pessoas nos processos estratégicos de negócios, como o desenvolvimento da direção da empresa ou a priorização de iniciativas cruciais para o ano, são ações que dão sustentação à noção de Kullman de estar "presente". Líderes empresariais podem fazer a parte que lhes cabe disponibilizando aquilo que eles veem (suas percepções) para que outros possam discuti-las, comentá-las e agregar valor a elas, utilizando-se de instrumentos visuais. Equipes que operam em todos os níveis

do empreendimento veem coisas que outros não percebem; eles têm soluções e ideias que são livres de custos e de sofrimentos, mas raramente consultados em relação àquilo que visualizam. Engajar e envolver funcionários em todos os níveis da empresa para que estes compartilhem o que veem e o modo como percebem o trabalho que realizam pode ser a chave para decifrar não apenas o que poderá mover a empresa para frente, mas, também, revelar o que está prejudicando o crescimento dela.

Capturar a complexidade também envolve alterar as histórias coletivas que persistem por todo o empreendimento. Elas se prendem na maneira como as pessoas veem umas às outras e até mesmo as oportunidades. As histórias que contamos revelam os padrões comportamentais distintos e firmes nas organizações e estão repletas de crenças, suposições e expectativas que jamais foram confirmadas, negadas ou validadas pelos líderes nem por suas equipes de trabalho. A complexidade pode ser descrita como "as interações dinâmicas e íntimas (dentro do sistema) que ocorrem em um dado domínio" (Carlos Mota), e as histórias representam um dos mecanismos mais efetivos para se explicar e derrubar percepções que prendem as pessoas a visões específicas do mundo.

O poder das histórias não deve ser subestimado. No artigo de Maggie Koerth-Baker para a *New York Magazine*, *The Mind of a Flip-Flopper*, Timothy Wilson, professor de psicologia na Universidade de Virgínia, e autor de *Redirect*, diz: "Histórias são mais poderosas que informações (…) pois elas permitem que os indivíduos se identifiquem emocionalmente com ideias e pessoas que, de outro modo, seriam consideradas 'de fora'". Histórias são memoráveis (é por isso que elas se alastram como um incêndio descontrolado nas empresas). Elas incluem experiências e sentimentos. O objetivo é se afastar das histórias que mantêm e sustentam as complexidades de hoje e mover-se rumo a outras, mais novas, que inspiram o crescimento, a criação e a produtividade. Quando as complexidades são adequadamente capturadas, nós as compreendemos. E quando as entendemos corretamente, podemos começar a deixá-las para trás quando elas nos impedem de seguir adiante. Torna-se mais fácil criar uma história diferente. Novas histórias compartilhadas com a equipe são como a visualização de resultados; elas liberam o potencial dos grupos de trabalho e inspiram o indivíduo.

As histórias contadas em um contexto empresarial precisam ser **autênticas**, tendo em vista que elas revelam múltiplos *insights* da cultura e dos sistemas organizacionais. As imagens e metáforas visuais contribuem para a autenticidade da narrativa e enfatizam pontos-chave quando antecipadamente discutidas com um ilustrador estratégico ou facilitador gráfico, de modo que esses profissionais possam fazê-lo diretamente no papel. O futuro de muitas empresas depende das histórias que são contadas, de quem as conta, dos obstáculos que elas revelam e da confiança que elas criam. As histórias constroem um senso de pertencimento e esperança quando indivíduos de uma equipe ouvem e compartilham seus conteúdos.

Desenhar figuras das histórias das pessoas é uma ótima maneira de capturar complexidades. Histórias não fazem discriminação entre pessoas, lugares, sentimentos e experiências. Todas as complexidades (e muito mais) estão lá, em qualquer narrativa. Pelo fato de tudo estar incluído nelas, as histórias são mais adequadas ao uso de metáforas, quadros visuais ou imagens que apresentações e relatórios escritos.

O ato de contar histórias (*storytelling*) é, com frequência, algo íntimo e pessoal – uma ocasião em que um indivíduo revela uma experiência ou um sentimento a outro com quem trabalha. Criar um ambiente produtivo e seguro para o compartilhamento de narrativas é parte do processo de reconstruir confiança e preparar o palco para o alinhamento e o movimento avante da organização. Oferecer oportunidades para que cada pessoa possa compartilhar sua história com outros ouvintes, e ouvir as narrativas de seus pares, é muito **importante**. Os seres humanos adoram contar e ouvir histórias – é como explicamos certos eventos que ocorrem conosco (mas lembre-se de que as pessoas não veem as mesmas coisas). Todos gostamos de ouvir uma boa história – elas nos ajudam a compreender melhor quem as está narrando, evoca um sentimento de empatia e cria novos laços.

CONSTRUINDO NOVOS LAÇOS

No final, as histórias individuais que são compartilhadas tornam-se histórias do grupo. Enquanto ouvintes, experimentamos aquilo que o narrador enfrentou e começamos a ver o ambiente de trabalho pela ótica dele. Conforme os membros de uma equipe descrevem o que viram e ouviram, os ouvintes sentem sua confusão, frustração e falta de clareza. Quando essas mesmas pessoas contam com alguém que desenhe o mundo como elas o veem, elas passam a se sentir ouvidas e escutadas. O "quadro" delas está bem na frente da sala, separado da equipe, em um lugar

HISTÓRIAS COMPARTILHADAS

onde todos podem observá-lo. Isso representa uma validação da percepção contida nessa imagem. É um reconhecimento da realidade do que quer que esteja lá. Nesse ponto, com as histórias e complexidades capturadas, a equipe consegue sintetizar questões-chave comuns para a equipe e para a empresa. Membros da equipe podem rapidamente oferecer ações que precisam ser tomadas, oferecer-se como voluntários para realizá-las e esclarecer os próximos passos. Embora pareça uma rota não direta, a complexidade capturada no mapa permite que as equipes caminhem de maneira mais rápida em direção ao que precisa acontecer.

O objetivo de usar histórias nos negócios é diminuir a lacuna em termos de percepção da realidade e, também, servir como uma ponte para a criação de uma nova história. As narrativas do passado lançam luz brilhante sobre os padrões que têm mantido a equipe para trás, e também sobre as suposições e crenças que têm limitado as habilidades de um grupo de trabalho. Pelo fato de as histórias terem sido compartilhadas com a equipe, ou a empresa em algum nível, elas pertencem a todos na companhia. Lembramo-nos dessas histórias, as seguimos e, como indivíduos, **acabamos crescendo na direção das histórias que contamos.**

A imagem visual da direção em que a empresa deseja crescer é o mecanismo-chave para **simplificar** o que é visto e permitir que uma equipe siga em frente. A metáfora ou imagem capturada nesse ponto é algo que praticamente todos os envolvidos na narrativa, ou que tiverem escutado a história, irão reconhecer. "Sim", sua comunicação verbal ou não verbal irá transmitir: "eu sinto o mesmo, minha experiência é igual à sua."

Quanto mais simples a imagem, melhor. Você não precisa saber desenhar bem, para conseguir criar ícones ou imagens capazes de atrair a atenção das pessoas. Martha Lanaghen, CEO do Sparrow Group, e também uma colega na área de ilustração gráfica, compartilhou comigo uma história recente sobre a qualidade de um desenho que ela criara em *flipchart* para um cliente. "Eles simplesmente amaram o desenho! Ficaram impressionados com o fato de aquelas figuras e cores simples terem conseguido capturar exatamente o que eles estavam tentando transmitir. Alcançar isso com um cliente realmente transformou o modo como me sinto em relação ao desenho no contexto de negócios. Sempre me preocupei sobre os desenhos serem 'bonitos.' Porém, depois de ver como eles (os meus clientes) reagiram aos meus rabiscos rudimentares e àquelas figuras tão simples, sinto mais firmeza em desenhar com mais frequência", disse com alegria Martha Lanaghen. Ter a coragem de usar imagens representa 75% do desafio em capturar complexidades. As imagens conseguem fazê-lo mais facilmente que palavras.

Os ícones e as imagens usados nesse ponto com frequência refletem uma jornada – um navio, uma estrada, um automóvel, um foguete ou uma escalada em uma montanha. As pessoas discutem sobre suas experiências profissionais como se estivessem em um tipo de viagem: "Eu estava empacado" ou "Meu Deus, eu sinto como se realmente pudesse me mover agora. Aonde deveríamos ir?" Essa metáfora se ancora na experiência e nos sentimentos de movimento, que tornam mais fácil **"ler"** o mapa ou contar a história por trás dela. O melhor a respeito dessas metáforas de "jornada" é o fato de elas serem multiculturais. Todos saíram de casa em algum momento e, por conta dessa experiência universal, tanto as equipes quanto as pessoas fora delas, olharão o mapa e verão onde exatamente se "encaixam" nele psicologicamente.

Seja qual for a metáfora definida pela empresa ou equipe, ela oferecerá a clareza e a energia que o grupo precisa para se manter no presente e abandonar o passado. Apesar disso parecer contraditório, as pessoas que se soltam de suas amarras geralmente têm a energia de que precisam para seguir adiante. Ao articularem seus sentimentos e a situação em uma metáfora – **um grande quadro** – os integrantes da equipe enxergam tudo que contribuiu para a complexidade e, individual e coletivamente, são capazes de deixar para trás o que os estava segurando e mover-se rumo ao futuro.

Capturar a complexidade usando imagens, metáforas e histórias é algo extraordinariamente memorável. Esse é o resultado de uma escuta profunda – ou seja, de as pessoas realmente ouvirem o que está sendo dito e sentido, em novos níveis. Essas narrativas também representam um grau de vulnerabilidade que não é tipicamente observado em ambientes empresariais. "Lembro-me de meu chefe parecer tão absolutamente solitário enquanto nos dizia como se sentia, como era sua experiência conosco", recordou-se uma participante de uma sessão de desenvolvimento de estratégia. "Queria dizer a ele que estávamos lá para ajudá-lo; que ele não precisava seguir sozinho por aquele caminho." Esse "toque humano", capturado e compartilhado de modo autêntico, nos oferece o catalisador para as mudanças. As histórias coletivas, retratadas e contidas em um mapa, criam o espaço para que novas histórias emerjam.

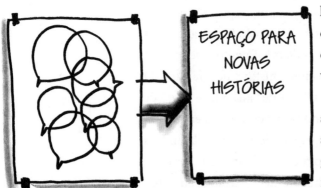

Uma vez desenhada, a complexidade pode ser afirmada e validada pelo grupo, significando: "Sim, isso aconteceu, e estamos seguindo em frente." O mapa e as figuras são uma extensão tangível da narrativa, da memória institucional, do conhecimento e dos sentimentos dentro da empresa. As pessoas e suas narrativas são ouvidas, algumas pela primeira vez. O mapa representa a comunhão de perspectivas e sentimentos, a confiança e a camaradagem que a equipe pode utilizar para seguir em frente e encarar um novo e brilhante futuro.

Para capturar a complexidade de maneira bem-sucedida, lembre-se do seguinte:

1. Faça a **ponte entre a percepção e a realidade** com as perguntas adequadas, na ordem certa, em paralelo com a estratégia de negócio. Faça-a com imagens!

2. **Compartilhe a figura da lacuna** e as possíveis respostas com sua equipe ou com o maior número de pessoas que conseguir, de modo que todos sintam como o pensamento coletivo é percebido e visto pelos outros.

3. Use as **histórias** e as **imagens** para **quebrar** seu modo de **pensamento linear** a respeito das complexidades dentro da organização. Esse modo de agir ajuda a visualizar as pessoas, os sistemas e as estruturas de novos jeitos. As pessoas abandonam o passado e se tornam aptas para pensar sobre o futuro.

4. **Simplifique as coisas**. Lembre-se de que nem tudo pode (ou deve) se encaixar no quadro, portanto, quanto mais simples ele for, melhor.

5. **Valide o que for encontrado**. As imagens emergentes pertencem ao grupo. Ícones simples

criam consenso e concordância em relação a questões-chave e ações que serão tomadas para se seguir adiante.

ATO TRÊS: CRIANDO POSSIBILIDADES

Na história, depois que Sean se encontrou com a equipe sênior, os passos seguintes foram bastante diretos. Eles tinham um plano e sabiam que ações precisariam ser implementadas nos meses seguintes com um objetivo único: superar a **inércia que havia se estabelecido na organização**. O grupo refletiu sobre a complexidade organizacional de novas maneiras, capturou todas elas em um único lugar e começou a ver o que seria possível. Havia uma nova energia no grupo – lembre-se de que Sean comentou sobre o ânimo das pessoas ter se elevado. As figuras criadas durante a reunião da equipe sênior ofereceram um modo simples para as pessoas se concentrarem no que era mais importante. Porém, a primeira imagem de sua estratégia só conseguiu levar a equipe até certo ponto.

Quando toda a divisão se encontrou e efetivamente "desobstruiu" seu ambiente de trabalho, livrando-se das percepções, das histórias e dos mitos que os prendiam e sufocavam dentro do desempenho corrente, os passos seguintes se tornaram claros para a divisão. Juntos, eles capturaram a complexidade, sintetizaram as atividades-chave e seguiram em frente com novo interesse e nova energia. As pessoas na divisão continuaram a usar um mapa tangível como maneira de se lembrar do foco. Conforme executavam seu plano, elas criaram uma nova ideia de si mesmas. Com energia retomada e um foco nas duras tarefas que estavam à frente, eles conseguiram reajustar os negócios. E foram capazes de fazer tudo isso em um único dia.

Como ilustrado nessa história, uma estratégia de negócios desenvolvida por meio de imagens é um mecanismo estratégico para **energizar**, **excitar**, **alinhar** e **dar foco** a uma equipe.

As imagens criadas servem como um para-raios para a criação de novas ideias, inspirações e motivações. Essa abordagem funciona, em parte, porque ela lida com elementos que realmente motivam as pessoas. "Acreditamos que a **motivação intrínseca** deve estar presente se as pessoas quiserem dar o máximo de si", explicam James Kouzes e Barry Posner em seu livro *O Desafio da Liderança*[3]: "Acreditamos que tudo o que é recompensador é realizado (...) (É preciso) tocar o coração e a mente das pessoas, não apenas suas mãos e carteiras." Visualizar o resultado e capturar a complexidade são ações que permitem que os membros de uma equipe, de um time ou de uma divisão mantenham o foco naquilo que é compensador para eles em relação à empresa. Líderes e administradores podem olhar para os mapas e claramente observar (e recordar) de tudo o que foi dito pelos participantes, e que suscitou burburinho e entusiasmo na sala. A parte do mapa que representa motivação intrínseca pode ser utilizada durante a execução da estratégia de negócio. Kouzes e Posner nos fazem lembrar que: "A chave para a motivação intrínseca é se envolver em algo que nos exija olhar para uma situação de diferentes maneiras." Olhar para uma mesma situação de modos distintos inevitavelmente cria novas possibilidades para uma empresa.

Um ótimo exemplo de processo no qual a motivação intrínseca se fez presente pelo uso de uma estratégia na

---
3 – Editora Campus, RJ, 2013. (N.T.)

forma de imagens é um grande hospital localizado em Denver, no Estado do Colorado. Estávamos trabalhando com um grupo de médicos em uma das divisões do hospital para termos uma visão do trabalho realizado por aqueles profissionais e compreender sua contribuição para o sistema hospitalar em que trabalhavam. Lois Todd, sócia-sênior da Alchemy, descreveu o processo: "Foi como se tudo acontecesse em um minuto. Os médicos rapidamente perceberam como se encaixavam no negócio e no trabalho do hospital. Naquele exato momento, eles passaram a conversar sobre suas funções e sua divisão de maneira totalmente diferente. Observando sua linguagem e também a expressão facial e corporal, era óbvio que algo havia mudado. O *insight* a que todos chegaram teve profundo impacto sobre o grupo. Os médicos finalmente perceberam que faziam parte de algo maior. Eles puderam ver e sentir as contribuições que estavam fornecendo; estavam conectados e motivados pelo compromisso coletivo que tinham com o campo da medicina e com a saúde das pessoas. Esse foi um grande motivador." Não foi suficiente que os médicos criassem uma visão de si mesmos. O quadro desenvolvido por eles continha a possibilidade de novos relacionamentos entre eles próprios, outros departamentos e toda a instituição. Quando "visualizaram" aquilo, sentiram-se entusiasmados em fazer parte de algo que ia além de seu trabalho individual ou do seu departamento.

Conforme olham para um mapa visual criado, as pessoas intuitivamente atentam para as conexões que veem diante de si. Elas se tornam conscientes do que estão realizando agora e conectam isso àquilo que potencialmente poderiam fazer mais tarde. Nosso motivador intrínseco nos faz preencher o quadro com nossas contribuições pessoais, definindo, assim, o modo como nos encaixamos no quadro geral. Nosso cérebro e as ideias do grupo não esperam por um chefe ou administrador sênior que nos diga o que fazer. As equipes são motivadas pelas imagens que elas veem, e elas criam seu próprio papel, imaginando como irão contribuir. Um cliente recentemente afirmou sobre um plano de ação criado para sua equipe: "Foi incrível a energia, o foco e a atenção que as pessoas demonstravam ao sair de nossa reunião. Em apenas quatro horas conseguimos criar algo que todos aceitaram; algo que nos ofereceu um foco de curto e médio prazos e uma maneira de as pessoas se engajarem. Foi como atirar combustível no fogo." De fato, considerando que essas pessoas agora têm direção e foco, e que elas fizeram parte do próprio estabelecimento do curso, energizá-las, catalisá-las e motivá-las para que façam o que deve ser feito é como jogar combustível sobre as chamas.

Mas o que será que existe na ligação entre estratégia de negócios e figuras que consegue reduzir a típica complexidade e a burocracia das empresas e levar a um nível tão elevado de clareza e motivação? As imagens eliminam o mundo hierarquizado e estruturado que habita o lado esquerdo do cérebro. Pelo fato de as imagens poderem significar muitas coisas para muitas pessoas, todas as definições, as palavras e as interpretações já estão incluídas. Isso achata as pressuposições, crenças e percepções, igualando todos os ingredientes. Independentemente de quem contribuiu para o mapa, os comentários e as imagens todos contam da mesma maneira; tudo importa. Como resultado, quando criam uma estratégia de negócios por meio de imagens e figuras, ao olharem para o quadro completo, os funcionários de uma organização são capazes de discutir sobre novas maneiras de trabalharem juntos. Eles, talvez, dividam o processo em partes, afinal, faz sentido que um determinado grupo realize algo específico ou que uma atividade venha antes de outra, mas essas pessoas o fazem porque isso faz sentido dentro do quadro maior, não porque alguém lhes tenha dito para agir assim.

Em um bom exemplo, equipes que trabalharam com grandes quantidades de dados e análises dentro de uma empresa foram capazes de fazer novas conexões entre si, seu trabalho, os indicadores que faziam parte de suas planilhas e as atividades em outros departamentos. Em uma recente conferência entre líderes empresariais de todo o globo, um participante da Ásia apontou algo no mapa e disse:

"Antes dessa conferência, eu realmente não conseguia perceber como os cinco objetivos de nosso departamento estavam conectados. Mas, do modo como foram desenhados aqui," apontou, "as conexões começam a fazer sentido para mim. Posso tirar uma fotografia? Quero enviar esse quadro para minha equipe."

No mundo linear do hemisfério esquerdo do cérebro, nem sempre é fácil perceber as conexões ou os possíveis laços existentes com outros fluxos de trabalho, outras pessoas e outros processos. No caso dos negócios e das estratégias, diante de uma figura, o hemisfério direito de nosso cérebro assume e passa a imaginar, conectar e criar ideias, soluções e novas maneiras de trabalhar. Esses *insights* podem ser acrescentados, alterados, mapeados e discutidos pelo grupo, criando uma compreensão mais profunda entre os membros da equipe da direção, do foco e das prioridades com as quais irão trabalhar. Do mesmo modo que as figuras ajudam o cérebro a superar a burocracia, equipes e indivíduos que utilizam figuras como parte de seu

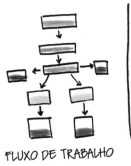

FLUXO DE TRABALHO

PROCESSO

PESSOAS

processo estratégico também podem sobrepujar a indisposição organizacional e clarificar o que de fato é importante, a razão disso e o que será necessário para tornar isso possível.

Uma das coisas que impede que equipes e indivíduos vejam e criem **possibilidades** é o **medo** – do fracasso, da exclusão e de não se encaixarem. Como já discutido anteriormente, o medo é uma poderosa toxina dentro das organizações, que pode desestabilizar grandes culturas e arruinar o desempenho da empresa. O medo pode ser algo difícil de combater em uma organização por ser uma condição individual que se manifesta em um ambiente de grupo. Em um negócio, as figuras ajudam a aliviar o medo das pessoas em relação ao **fracasso** e à **exclusão**. Essas imagens oferecem um caminho e uma direção à frente, com os quais a equipe já concordou. Todos estão incluídos na imagem. A estratégia e a execução não podem ser colocadas em prática, sem que todos estejam envolvidos.

A história a seguir elucida o entendimento.

Elizabeth Groginsky, uma bem conhecida líder no campo da educação infantil, fazia parte da equipe de liderança de uma grande organização colaborativa, nas imediações de Denver, que oferece suporte a jovens para que eles se saiam bem em suas comunidades, independentemente de sua criação ou circunstâncias econômicas (Adams County Youth Initiative, http://www.acyi.org). Ela contou:

> "Tínhamos um único dia para reunir 35 pessoas e alinhá-las de modo que pudéssemos elevar nosso projeto a outro patamar. O número de parceiros e de programas se expandiu, e nós precisamos agregar mais pessoas, planos e serviços ao nosso trabalho. Muitas das pessoas na sala estavam se encontrando pela primeira vez: havia policiais de oito jurisdições diferentes, um grupo de cidadãos locais, profissionais responsáveis por crianças, educadores de cinco distritos e vários

empregados. Esse novo grupo precisava visualizar e entender o quadro completo: quem éramos como novos parceiros; a quem atendíamos; que tipo de apoio oferecíamos e por que o oferecíamos. Precisávamos fazer aquela apresentação de um modo que todos pudessem colaborar e, ao mesmo tempo, oferecer àquelas pessoas foco, clareza e direcionamento.

Como se poderia imaginar, os policiais presentes estavam céticos em relação a esse tipo de processo. Individualmente, não nos sentíamos confortáveis com a presença deles, pois não os conhecíamos nem sabíamos como trabalhar de modo colaborativo com eles. Para que houvesse colaboração, precisaríamos de sua adesão, seu apoio e seu compromisso. Ter mais alguém para guiar o diálogo e capturá-lo visualmente permitiu ao restante de nós relaxar e se concentrar em ouvir e tentar conhecer uns aos outros. Conseguimos conversar sobre o que realmente importava para cada um de nós, a partir de nossas posições na comunidade e como moradores. Construímos novos relacionamentos entre nós, pois sabíamos o que importava. No início do dia, ninguém acreditava que pudéssemos alcançar o que desejávamos. Mas conseguimos! Atingimos nosso objetivo e, depois, alguns outros. O quadro mostrou isso. No final do dia, havia um senso de realização e de orgulho compartilhado. Durante o ano seguinte, nosso grupo usou o mapa em todas as reuniões. Ele nos acompanhava a todos os lugares. Nós o usamos para **validar**, **explicar**, **revisar** e **apoiar** nosso **trabalho**."

Os participantes do grupo conseguiram deixar de lado seus medos ao se concentrar no que importava a todos. Priorizaram sua visão e sua missão com base nas contribuições de todos os interessados em torno da mesa. Eles conseguiram perceber um compromisso coletivo emergindo através das figuras, das palavras e da cor. O mapa mais amplo serviu como um importante

CAPÍTULO 4: DESENHANDO SUA ESTRATÉGIA DE NEGÓCIOS EM 3 ATOS   109

lembrete de que todos estavam colaborando porque queriam estar juntos, e todas as perspectivas e todos os pontos de vista dentro da organização estavam representados naquele mapa visual.

Lisa Bardwell, CEO e presidente da organização sem fins lucrativos Earth Force (www.earthforce.org), compartilhou parte de sua história na criação de uma estratégia de negócios apresentada de modo visual.

"Sempre fomos uma organização difícil de ser compreendida, e mais difícil ainda de explicar para os outros. Estávamos em um processo para mudar nosso empreendimento, cujo modelo já era um tanto complicado, e estabelecer um **visual de uma única página** que explicasse a nova maneira pela qual nossa empresa iria funcionar. Aquela era a maneira perfeita de nossa equipe e nossos parceiros conseguirem visualizar onde se encaixavam dentro do novo 'quadro' da organização e como as diferentes partes do sistema operariam juntas a fim de apoiar os jovens em comunidades de todo o mundo. Parte da história visualizada é literal. Há lugares no mapa onde é possível ver jovens fazendo exatamente o que nós fazemos por eles nas comunidades. Porém, parte de nossa história é metafórica. Quando líderes de outras comunidades se interessam em trabalhar conosco, as figuras mostram a eles quais as possibilidades de trabalharmos em parceria. Eles veem a si mesmos: jovens, pais, membros da comunidade e empreendimentos. Nosso mapa representa, ao mesmo tempo, um quadro de nosso trabalho e uma visão de como queremos que o mundo funcione. Quando o mostro aos investidores e financiadores, eles o entendem! Eles se engajam imediatamente e querem saber como poderão se envolver – não por quê."

Ambas essas histórias demonstram quão inclusivas as imagens podem se revelar a fim de mitigar os danos que ocorrem em uma empresa quando o medo do desconhecido adentra o cérebro das pessoas e a psique organizacional. John Hunt, em seu livro *The Art of the Idea* (*A Arte da Ideia*), reflete sobre o medo da seguinte maneira: "Em geral (...) o medo tem suas raízes na necessidade de as mudanças se apresentarem de uma maneira limpa e ordenada. Queremos que o futuro se revele de um modo sequencial e em partes pequenas, facilmente digeríveis. Infelizmente, o mundo não opera dessa maneira, e fazer de conta que isso acontece cria o terreno perfeito para a aniquilação das ideias." As imagens que fazem parte de uma estratégia de negócios ajudam no florescimento de novas ideias e possibilidades, enquanto acalmam nossos medos individuais e coletivos em relação a tudo que as mudanças implicam.

Da mesma maneira que tranquilizam nossos medos de fracasso e exclusão, as imagens e figuras quebram a barreira da língua. Todos já vivenciamos diálogos em que acreditamos ter compreendido absolutamente tudo o que o interlocutor nos disse, apenas para perceber, posteriormente, que ele tentou nos dizer algo completamente diferente. Falhas de comunicação podem ocorrer entre pessoas que falam o mesmo idioma, e causar consequências infelizes e inesperadas. As razões por que as palavras e a linguagem nos **falham** são as seguintes: não usamos as palavras certas para dizer o que queremos; nossa mensagem é tomada fora de contexto ou simplesmente não pensamos suficientemente sobre o que diríamos antes de dizê-lo. Isso, com frequência, magoa o sentimento das pessoas, contribui para uma atmosfera de desconfiança e desagrega times, interrompendo o trabalho coletivo que eles realizam.

A mescla de palavras e de imagens utilizadas de maneira conscienciosa dentro de um contexto apropriado, pode gerar efeito duradouro, profundo e poderoso sobre equipes e negócios. Se você se recorda, na história de Sean, Cheryl compartilhou com o amigo a imagem de um plano de ação que trazia salva no celular. Tomei emprestada aquela figura de um plano de ação que eu criei em 2004. Os funcionários concordaram que uma árvore representaria bem sua metáfora cultural e organizacional. As raízes seriam os recursos que permitiriam ao restante do processo de reestruturação se sustentar. Os "frutos" e as "folhas" representariam os relacionamentos, as oportunidades e os produtos inovadores criados. O pessoal de finanças, operações, recursos humanos, *marketing* e vendas viam-se como partes únicas dessa árvore. Juntos, concordaram com metas comerciais e objetivos que seriam alcançados dentro do contexto de um símbolo vivo e florescente. Essa experiência de planejamento destruiu várias barreiras funcionais, e as equipes foram capazes de trabalhar mais próximas umas das outras em seu caminho adiante. Elas foram capazes de fazê-lo porque possuíam uma "linguagem" comum na metáfora de uma árvore. Reconheciam o que aconteceria com esse ser vivo sem as informações e o apoio de todos. Lisa Bardwell, da Earth Force, compartilha desse mesmo sentimento: "Nosso mapa estratégico construiu uma linguagem totalmente nova para nós na organização. Enfatizamos certas partes do mapa

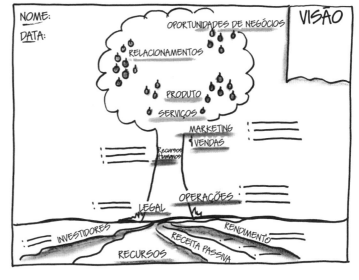

para diferentes públicos, e a linguagem que usamos reforça as imagens e metáforas que eles veem. Trata-se de um uma maneira autossustentável de imbuir novas ideias em parceiros e financiadores usando uma linguagem compartilhada que é única para a nossa empresa."

Em ambientes empresariais multiculturais, metáforas na forma de imagens podem rapidamente ajudar a orientar pessoas de diferentes países e que falam diferentes idiomas, conseguindo concentrá-las em atividades-chave e prioridades. Pense nas imagens usadas nos *smartphones* para indicar mensagens de texto, *e-mail* e contatos. Cada uma delas comunica uma atividade de modo simples, efetivo e universal. Figuras simples usadas nas estratégias de negócios criam as mesmas conexões para pessoas que vêm de diferentes partes do mundo, mas que convivem dentro de uma única cultura organizacional. Podem funcionar como "âncoras" institucionais que oferecem direcionamento e listam as ações a serem tomadas, e de maneiras que um comunicado ou memorando corporativo jamais conseguiriam. As imagens também liberam os funcionários para que trabalhem e se concentrem no que elas representam, em vez deles perderem tempo tentando interpretar o que está sendo dito em formato escrito ou até mesmo verbal.

Figuras, metáforas e cores são componentes importantes que ajudam a libertar as ideias das pessoas enquanto elas exploram e criam novas possibilidades para o negócio. Nunca estive com um cliente que não perguntasse a respeito do **retorno sobre investimento** (ROI) em qualquer **processo de engajamento** no qual materiais visuais são usados. Mas é preciso encarar os fatos: criar e executar possibilidades, representa um custo para o empreendimento. Para se implementar quaisquer possibilidades identificadas como algo que deva acontecer na organização leva tempo e demanda *expertise* e recursos. Se um negócio vai investir na criação e implementação de uma série de medidas, será que isso criará mais valor (dinheiro, reputação, recursos ou economias) à empresa?

O conceito de gerar ROI com uma estratégia de negócios na forma de figuras é algo importante a se explorar. Observemos, primeiramente, a estratégia em nossos negócios de hoje. Os processos de planejamento estratégico funcionam mais na forma de eventos isolados que como parte integral do nosso dia a dia no trabalho. Pelo fato do desenvolvimento da estratégia e sua execução (assim como gerenciamento e obtenção de resultados) serem difíceis de implementar simultaneamente, separamos as duas atividades. Chagamos, inclusive, a realizar as sessões de planejamento fora da empresa por alguns dias. Isso separa o planejamento estratégico das atividades operacionais e de execução, tanto de maneira física quanto emocional e psicológica.

De certo modo, é fato que as questões operacionais e executivas do trabalho realmente criam distrações. O espaço físico do escritório é escasso e o ambiente virtual é repleto de interrupções normais do dia a dia – mídias sociais, *e-mails*, conferências telefônicas etc. Nesse sentido, quando nos afastamos da empresa para discutir atividades estratégicas, esse assunto ganha foco e imediatamente envia uma mensagem clara sobre a sua importância para todos. Sair do ambiente corporativo também apresenta outros benefícios. Um ambiente diferenciado oferece o espaço físico para que se possam explorar possibilidades e, ao mesmo tempo, fornece a liberdade para se experimentar novas manei-

ras de planejar e trabalhar. É divertido, fortalece o moral e o espírito de equipe dos funcionários, além de garantir à empresa resultados e benefícios que tornarão válidos o investimento de tempo e recursos.

Os aspectos negativos dos eventos externos são os custos elevados, a falta de frequência (uma vez por ano, na melhor das hipóteses) e o fato de que nem todos podem participar. Embora o tempo de convívio e a interação humana criados nesses eventos sejam absolutamente valiosos, será que a equipe não poderia extrair alguns desses benefícios realizando outras atividades em conjunto e de modo mais regular? O fato de que a estratégia e o planejamento não fazem parte do dia a dia de trabalho é um problema. De modo ideal, as empresas deveriam viver e executar sua estratégia todos os dias. Porém, a estratégia se distancia ainda mais da vida diária da companhia quando é levada para fora do ambiente empresarial. E, quando isso ocorre, ela tipicamente permanece fora, tornando-se um evento isolado no qual muito é discutido, mas pouco é colocado em prática.

Como líder, já vi os benefícios diretos de se desenhar os resultados esperados, capturar complexidades e criar possibilidades juntamente com as equipes de trabalho uma vez por semana ou uma vez por mês. Esses princípios também fortalecem o moral, o espírito de equipe e até promovem o divertimento no trabalho que as pessoas realizam todos os dias. Nos eventos que ocorrem dentro da empresa, os princípios e materiais visuais tornam-se parte do sangue e da cultura na qual são instituídos e praticados. As imagens e figuras utilizadas nas reuniões, nas apresentações e também nas sessões de planejamento, lançamento de produtos e estabelecimento de metas financeiras transformam-se em pontes visuais entre o que as pessoas pensam e planejam, e aquilo que elas estão de fato realizando. As imagens são poderosas e capazes de comunicar de maneira ampla e em diferentes idiomas os importantes conceitos descritos neste livro, e do mesmo modo. As equipes conseguem facilmente acompanhar o desempenho, corrigir o curso e avaliar seu sucesso na implantação e condução da estratégia apresentada visualmente em uma única página, estejam eles no escritório ou em um armazém. Os grupos de trabalho tornam-se engajados e conseguem antecipar e responder às oportunidades que surgem, sem terem de esperar por um encontro anual.

O mapa visual criado por você é algo que pode ser disponibilizado a todos e que irá guiar a equipe internamente, bem como suas atividades externas. E é fácil de ser transportado. Foram poucos os processos de planejamento estratégico ou comercial dos quais participei em que não foi possível imprimir uma cópia do plano, salvá-lo em meu *smartphone* ou simplesmente levá-lo comigo. Como no caso de um mapa rodoviário ou de cidade, ele se torna um guia visual para os membros da equipe, sejam eles novos na organização ou façam parte do grupo que criou o plano. O material visual serve como ponto de referência e lembra a equipe de sua direção, mantendo o foco quando as coisas se tornam confusas e difíceis de lidar. As figuras permitem que os gerentes e líderes aliviem sua abordagem verticalizada e usem as imagens para discutir o progresso, as mudanças e os resultados com suas equipes. O grande mapa de imagens é usado para rastrear as atividade e apoiar as equipes, ajudando-as a alcançar o sucesso e permitindo que os líderes entreguem resultados à empresa. Isso representa um ótimo ROI, e em

ritmo acelerado. Também significa uma abordagem simplificada e barata para o planejamento estratégico e a execução do processo.

Embora o desenho da estratégia de negócios seja algo absolutamente emocionante no momento em que é realizado, uma gratificação ainda maior ocorre quando um funcionário olha para o mapa um mês, dois meses ou até seis meses depois de sua confecção. Todos, individualmente e em equipes, olham para a imagem e se lembram do que foi necessário para chegarem ao resultado final, de como eles se sentiram antes, durante e depois do processo. Alguém do grupo pode até recordar de coisas que foram ditas durante o evento; de quem concordou ou discordou, que comentários foram feitos e por quem. Quando os funcionários de uma organização usam um mapa desse tipo para explicar a um cliente ou a um novo membro o que a empresa é e representa, o que ela faz e porquê, qual o objetivo da empresa, essas pessoas se engajam imediatamente. Novos colaboradores conseguem se visualizar e perceber onde eles se encaixam no processo. Os clientes, por sua vez, sentem-se entusiasmados pelo fato da empresa considerá-los a ponto de colocá-los em um segmento do próprio mapa. Líderes empresariais e outras pessoas também podem se envolver na história que circunda o mapa. Os mais novos no processo fazem perguntas e tentam obter informações a respeito do sistema, e se sentem incentivados a querer saber **"o que vem depois"**. Além de lhes parecer agradável psicologicamente, o quadro também se revela intelectualmente estimulante, pois diz respeito a direcionamento e desempenho, permitindo que eles visualizem onde se encaixam.

"O mapa me oferece um tipo de confiança emocional. Tudo o que preciso saber ou pensar é evocado naquela figura. Essa é minha garantia, é o meu ponto de discussão.

Não preciso de nada mais", comentou Lisa Bardwell.

"Antes de qualquer contato com um cliente ou empresa, sento e desenho em uma página um resumo do que vejo. Isso não é uma ferramenta ou uma metodologia para mim, mas um modo de ver as coisas. Uma maneira de dar significado àquilo que vejo sobre o negócio e a situação deles (dos meus clientes). É um modo de compreender o que está acontecendo com eles e observar a situação a partir de diferentes perspectivas e com diferentes dimensões", afirmou Carlos Mota, do México.

É fantástico! Em uma única página, um indivíduo e sua equipe são capazes de criar um quadro que captura a complexidade de seu trabalho e negócio, tudo isso enquanto se amplia a clareza e se estabelece consenso sobre o que deverá ser feito no dia seguinte. Em um dia, equipes conseguem criar o espaço de que precisam para levar duas ou três novas ideias adiante e trabalhar em algo novo. O mapa constrói uma nova linguagem para todas as equipes de uma empresa. Essas pessoas podem transformar tal imagem em parte de sua cultura, pois ela lhes oferece uma maneira diferente de se concentrar em seus objetivos e de interagir com os colegas. Conforme as equipes se tornam mais acostumadas a trabalhar com o mapa e com os demais elementos visuais que criaram, a qualidade dos diálogos melhora. A partir daí, em vez de se preocuparem em saber aonde estão indo e como as decisões foram tomadas, as equipes investem seus recursos no desenvolvimento de estratégias, na entrega de resultados e na criação de novas oportunidades de negócios. Imagens e figuras oferecem resultados que não podem ser atingidos de outro modo.

Uma nota final a respeito da criação de possibilidades. **Os seres humanos nasceram para criar.** Em seu livro *The Heart of Leadership* (*O Coração da Liderança*), a autora Sabina Spencer compartilha o seguinte: "A maior parte do nosso senso de valor vem de nossas habilidades; se não expressamos nossa paixão, permanecemos incompletos." Quando a oportunidade, a necessidade e o desejo surgem, os seres humanos encaram os desafios e criam algo novo. Seja plantando sementes e aguardando que elas germinem, construindo uma casa na árvore, desenvolvendo um belíssimo *smartphone*, construindo uma barragem gigantesca para segurar a água ou levando um homem até a Lua e trazendo-o de volta para casa! Nosso maior e mais profundo desejo é o de criar algo novo. Esse desejo não nos abandona quando vamos para o trabalho. Ele permanece lá, esperando que criemos algo de valor.

Nos negócios, conhecemos histórias de empresas que se aproveitaram da criatividade de outras pessoas e obtiveram grande sucesso. A DuPont comercializa ótimos produtos derivados de marcas inferiores, como a Corian e a Tyvek. A 3M esperou quase cinco anos antes de pensar em colocar no mercado o produto adesivo atualmente conhecido como *Post-it*, mas que, na época de seu desenvolvimento, foi considerado um enorme fracasso. As pessoas nessas empresas investiram tempo criando produtos a partir de erros. E isso é apenas uma pequena amostra do desejo de criar. Existem diversas histórias sobre companhias que dão a seus funcionários um dia por mês para que trabalhem no que quiserem, desde que compartilhem as informações com a organização. Algumas dessas narrativas são a respeito de pessoas que não são engenheiros, tampouco especializadas em trabalhos criativos da companhia. Porém, quando têm a oportunidade e o espaço para ver o que são capazes de fazer, esses indivíduos encontram meios de economizar dinheiro, reduzir as etapas de um processo ou criar valor por meio de um sistema ou de uma mudança estrutural. As pessoas são intrinsecamente motivadas, mas alguns desses resultados criativos também são recompensados.

Nessa era de aprendizado e orçamentos apertados, a ideia de pagar pessoas para trabalharem em algo que não seja a função para a qual foram contratadas parece arriscada, não tradicional e boa para "outros empreendimentos" – não para o seu. Embora tenhamos lido e ouvido falar sobre os benefícios de tais atividades (como novas patentes, novos produtos ou ideias simples para economizar dinheiro), mantemo-nos céticos, achando que tais práticas somente permitirão que os funcionários abusem dos sistemas disponíveis e das facilidades da empresa para "não trabalhar." Porém, embora isso seja possível, existe algo bem maior em jogo aqui.

Já discutimos anteriormente a respeito da motivação intrínseca. O desejo humano de criar algo novo está profundamente associado às coisas que nos motivam. As pessoas ganham liberdade quando as empresas assumem riscos e oferecem a elas condições que lhes permitem criar dentro do contexto do trabalho que fazem e para a empresa. Quando as condições certas são oferecidas a fim de apoiar a **criatividade**, a **produtividade** e a **engenhosidade**, as pessoas contribuem além de si mesmas e do que é esperado delas profissionalmente. E elas o fazem de bom grado e com alegria.

Estudei vários grupos de indivíduos que são bem-sucedidos no que fazem (bombeiros, atletas, músicos, artistas, economistas, futuristas e filósofos) e percebi que todos têm vários elementos em comum. Um deles é o fato de encontrarem e/ou criarem as condições perfeitas para o sucesso. Essas condições perfeitas podem ser definidas como possuir os equipamentos, os recursos, a iluminação, o som, o espaço, o treinador e o apoio corretos. É assim que eles vencem, desempenham suas funções ou salvam a vida das pessoas. Eles e suas equipes praticam. Eles se colocam em todos os tipos de cenários para assegurar o desempenho de seu trabalho sob quaisquer condições e alcançar seus objetivos.

Por exemplo, nos Jogos Olímpicos de 2012, Ryan Lochte usou um novo programa de treinamento para ganhar a força, a resistência e a estâmina de que precisava para quebrar os recordes mundiais na natação e superar seu colega Michael Phelps. Isso funcionou. No livro *A Arte da Possibilidade*, o maestro Benjamin Zander discute sua ideia de oferecer a cada aluno um "A" já no início do semestre letivo, tirando dos ombros deles a pressão de alcançar esse conceito e permitindo que eles se concentrem totalmente em sua música. Assim, mesmo antes de terem a oportunidade de trabalhar com Zander, o maestro cria condições para que seus alunos sejam bem-sucedidos. Alterar a forma como as pessoas pensam sobre si mesmas, sobre seu desempenho e suas oportunidades também faz parte de criar possibilidades. O ato de gerar condições favoráveis permite que essas chances se materializem, produzindo ótimos resultados.

Com que frequência conscientemente criamos as condições necessárias para sermos bem-sucedidos nos negócios? "Bem, nos negócios a coisa é diferente", podemos pensar. "O que você está sugerindo requer tempo, muita reflexão e planejamento. O cenário nos negócios muda o tempo todo. Será que temos condições de arriscar em algumas maneiras como trabalhamos? As coisas estão indo bem agora. Como isso poderia gerar lucros?"

Pense em alguma época de sua vida profissional em que alcançou um objetivo que você mesmo ou sua equipe haviam estabelecido. Que condições possibilitaram o seu sucesso? Talvez você tenha recebido uma carga de trabalho mais leve ou um espaço extra em que pudesse se concentrar no seu projeto. É possível que tenha contado com o apoio das lideranças ou com uma equipe de apoio caso precisasse. Quem sabe tenha se sentido como se fora convidado a realizar algo que somente você era qualificado para fazer. Você se lançou na oportunidade que se apresentou e alcançou sucesso.

Quando houver uma imagem clara do resultado, a complexidade for colocada de lado e as condições para o sucesso já tiverem sido criadas (apoio, suporte financeiro, recursos humanos, treinamento etc.), **fique atento!** Esse tipo de alinhamento e energia estimula aquele profundo desejo humano de criar, contribuir e compartilhar. Isso gera uma sensação de **"novidade"** e **"aventura"**. Conforme as possibilidades são capturadas visualmente e as pessoas ou a equipe dão início ao processo criativo, esses indivíduos ou grupos são brindados com a clareza, o foco e o direcionamento oferecidos pelo plano estratégico desenhado.

Em resumo, para permitir a criação de possibilidades de modo bem-sucedido, lembre-se do seguinte:

- Uma estratégia de negócios desenvolvida em imagens se conecta àquilo que **motiva** as pessoas intrinsecamente e produz energia, estímulo, alinhamento e foco.

- Imagens e figuras permitem que o hemisfério direito do cérebro se **sobreponha** à maneira pela qual o hemisfério esquerdo organiza as informações. Novas conexões, ideias e soluções emergem pelo fato de as imagens oferecerem um modo diferente de observar o mundo.

- Imagens e figuras ajudam a **controlar nosso medo** do isolamento; sentimos o significado de pertencer a algo quando somos parte do processo de criar e compartilhar um quadro.

- Materiais visuais **quebram as barreiras da linguagem**. Isso funciona tanto para empresas multinacionais quanto para pequenos negócios. E que diferença faz, quando todos falamos o mesmo idioma.

- Estratégias de negócios apresentadas em imagens entregam um **novo** e **diferente tipo de ROI** para as empresas. Trata-se de um sistema rápido e energizante; de um objeto tangível de apenas uma página que pode ser levado e copiado por todos os participantes do processo. Sempre estará perto deles.

- As figuras lidam com o **desejo de todos os seres humanos de criar algo**. Essas imagens ajudam a criar as condições para o sucesso.

CAPÍTULO 5
DO ALINHAMENTO À aceleração

Os três princípios (**imaginar o resultado, capturar a complexidade** e **criar possibilidades**) oferecem aos líderes empresariais e administradores um conjunto simples de ideias que podem ser usadas em grande variedade de situações nos negócios, todos os dias e em todos os momentos. Já exploramos a possibilidade de emparelhar essas atividades com figuras, de modo que histórias e planos compartilhados possam emergir e ser vistos por toda a organização. Também já discutimos por que é tão crucial dividir, comparar e discutir essas imagens com grande número de pessoas na equipe (e fora dela). Uma história consistente e compartilhada por todos é uma **forma de inteligência** coletiva que dificilmente pode ser captada somente por palavras. As imagens garantem um cenário de energia, compromisso e envolvimento que as palavras, sozinhas, não conseguem nos oferecer.

O capítulo anterior descreveu os benefícios que alcançamos quando os três princípios – imaginar o resultado, capturar a complexidade e criar possibilidades – são usados de modo independente uns dos outros. Benefícios são conquistados e equipes são capazes de seguir adiante com um trabalho que entrega resultados.

Entretanto, quando esses princípios são implementados de maneira conjunta e se encontram unidos entre si, as ideias, as estratégias e a energia convergem para criar as condições de sucesso.

Existe uma iniciativa abrangente na política implantada pelo Meridian Institute (www.merid.org), denominada AGree: Transformando a Política Agrícola e de Alimentos (www.foodandagpolicy.org). O objetivo da AGree é encarar e solucionar os mais importantes desafios que o mundo irá enfrentar nos próximos quinze a vinte anos nas áreas de alimentos e agricultura. Com o apoio de nove fundações, a AGree tem examinado cuidadosamente questões difíceis e complexas como 1ª) o paradoxo entre a obesidade e a fome extrema, 2ª) o aprimoramento consciente do meio ambiente, enquanto ele sustenta (e aumenta) a produção e a colheita de alimentos, 3ª) os desafios da mão de obra, que englobam desde imigração até atração de pessoas para carreiras relacionadas à produção agrícola e alimentos de modo geral e 4ª) a consideração de opções capazes de prover alimentos em todo o mundo, de hoje até o ano 2030. A AGree envolve um grupo diversificado e experiente de *stakeholders* que estabeleceram a visão, a direção e as subsequentes ações dessa iniciativa.

De algum modo, as questões e os desafios com que a AGree está comprometida a explorar e transformar por meio de parcerias, políticas e legislação afetam cada ser humano do planeta. A realidade é que cada indivíduo precisa se alimentar. O modo como conseguimos nossos alimentos, quanto custam e as escolhas que fazemos em relação a eles são coisas que fazem parte do dia a dia de cada ser humano, independentemente de sua idade. Pelo fato dessas questões afetarem a todos, sistemas têm sido criados para administrar cada aspecto da **"cadeia alimentícia"**. Parte da razão pela qual a AGree foi criada está no fato de os sistemas e silos que existem dentro do atual sistema não terem sido desenhados para encarar os desafios do século XXI. Apenas alguns itens de uma lista bem mais longa que incessantemente desafia o sistema vigente são: globalização, mudanças climáticas, custos de distribuição e armazenamento, doenças e pragas, perda de colheitas, interesse renovado no que as pessoas comem em outras partes do mundo, produtos químicos e questões de saúde. Esse programa de oito anos é complexo e diversificado. Mapas e imagens abrangentes têm sido usados desde o início para apresentar um quadro dos possíveis resultados dentro de um sistema integrado e harmonizado. Os objetivos são: possibilitar o entendimento da complexidade, catalisar conversações entre diferentes grupos de interessados e ajudar os responsáveis pela tomada de decisões a "enxergar" as possibilidades em algumas mudanças propostas nas políticas e nos programas existentes.

Todd Barker, sócio sênior e principal facilitador na AGree, resumiu a situação da seguinte maneira: "Não se trata tanto da qualidade do desenho. Isso é secundário. O que realmente importa é a interação criada pelas figuras. As imagens permitem que as pessoas conversem a respeito do que veem e de como o veem. Elas também oferecem um meio para que as pessoas interajam com suas próprias ideias. Quando vejo alguém se levantar e caminhar até um mapa, consigo perceber essa pessoa se esforçando para compreender a complexidade, a relação entre as ideias e os desafios. Aqueles mapas dão significado e estrutura a questões com as quais lidamos diariamente e que não podem simplesmente ser traduzidas em palavras. Mesmo que tentássemos escrever, perderíamos as conexões que são vitais para que possamos realizar mudanças."

A AGree está empregando cada princípio e utilizando muitos dos modelos de negócio discutidos. A empresa criou as condições certas para esse diálogo; o *timing* para a consideração e proposição de novas possibilidades para o sistema também está correto. A instituição envolveu muitas pessoas na visualização dos resultados, capturando complexidades e criando possibilidades por meio de novas conexões, de relacionamentos e informações que essas pessoas conseguem ver e compartilhar. Ao combinar as atividades dos três princípios a figuras, estabeleceu-se uma convergência entre **crença**, **oportunidade**, **energia** e **desejo por ação**. Chamo a isso de **convergência condicional** – as condições corretas criam uma convergência de ideias, crenças e valores que, por sua vez, produzem alinhamento e aceleração.

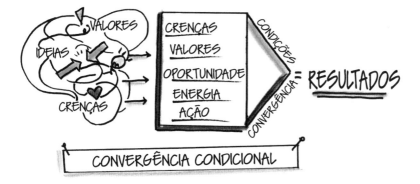

No livro *A Dança da Mudança*, Peter Senge e sua equipe de autores explicam o seguinte: "Alinhar pessoas de acordo com um conjunto compartilhado de aspirações (visão, propósito, valores e princípios) pode ser trabalhoso. Por que então se esforçar? Porque os resultados obtidos fazem a iniciativa valer a pena. Se as pessoas estão caminhando para um mesmo lugar, se compartilham os mesmos valores e seguem os mesmos princípios, esses desejos podem substituir outros meios de assegurar coordenação e alinhamento, como, por exemplo, o estabelecimento de regras e a adoção de um estilo de supervisão verticalizado. (…) Aspirações alinhadas também representam um ponto de referência que dão ao indivíduo constante orientação e foco, permitindo que ele redesenhe o avião enquanto voa."

Alinhamento é a palavra-chave. Visualizar o resultado, capturar as complexidades e criar possibilidades são itens essenciais para se atingir a convergência condicional. Quando tais princípios são usados em parceria com figuras e uma estratégia de negócios, essa combinação serve de plataforma para reunir e concentrar energia, construir e manter o ímpeto e rapidamente **reduzir a distância** entre onde **você está** e aonde **deseja chegar**, transformando o modo como as decisões são tomadas e fazendo que o trabalho seja feito. O alinhamento serve de combustível para se atingir os resultados que o indivíduo e sua equipe vislumbram para o empreendimento. Todos precisam estar na mesma página, movendo-se na mesma direção e demonstrando senso e sentimento de concordância em relação ao movimento avante.

Uma definição fácil e elegante para **alinhamento** nos negócios pode ser emprestada de outras disciplinas, como biologia, astronomia, anatomia, geologia e transporte. A palavra **alinhamento** é mais bem definida como "construção física de sistemas e relações de modo que promova ou dê sustentação à funcionalidade e ao movimento." Quando conectamos os três princípios, criamos uma estrutura integrada que permite a preservação do trabalho que realizamos e possibilita que as pessoas vejam o quadro completo. Quando conectamos as imagens visuais criadas ao longo do caminho, isso nos permite uma compreensão coletiva do direcionamento; ideias são incluídas e ações são visualizadas.

O uso de um triângulo como símbolo ou ícone dessa abordagem integrada é deliberado. Os triângulos permeiam nossas memórias de infância de várias maneiras. Por exemplo, sentimos conforto nas figuras simples de bonequinhos de palito (*sticks*) e casinhas. Sabemos como desenhá-los.

O triângulo também é um símbolo matemático para mudança (delta) – é a distância ou a lacuna entre um conjunto de variáveis. Um triângulo equilátero é uma das formas geométricas mais estáveis que existem no mundo: os ângulos iguais sustentam os lados também iguais do triângulo. No trabalho dos primeiros inovadores empresariais – os antigos alquimistas –, o triângulo representava a habilidade do ser humano se aproximar de suas mais verdadeiras aspirações – do **divino**.

Conforme examinamos a relação entre os três princípios e o uso de figuras, muitas questões importantes emergem. Em **primeiro lugar**, e talvez o fato mais importante, a verdadeira realização de uma estratégia de negócios desenhada não será possível a menos que **todos os princípios estejam presentes**. Pensemos sobre isso. Se você visualiza um resultado, mas ainda está atolado em complexidades e não consegue perceber conexões importantes, como saberá no que se concentrar primeiramente para alcançar esse resultado pretendido? Em contrapartida, se você cria toda uma lista de possibilidades, e até mesmo o espaço para correr atrás delas, mas não tem uma ideia clara da razão pela qual está fazendo isso, quão eficientes ou relevantes essas possibilidades serão quando já tiverem sido implantadas? E, por fim, se você captura todas as complexidades de modo que todos consigam vê-las, mas não explora o que poderia ser viável dentro delas, o que acha que poderá esperar como resultado? Como no caso de um banquinho cujas pernas não sejam exatamente do mesmo comprimento, o sistema também não funcionará – ele não contará com a mesma estabilidade que teria se os três princípios estivessem presentes.

Quando todos os princípios operam em conjunto, eles criam um quadro compartilhado que se firma na realidade e inclui aspirações individuais e coletivas. Isso ajuda a criar alinhamento e a validar um caminho adiante que faz sentido, pode ser visto por todos e traz em seu rastro a energia necessária. Um ótimo exemplo disso envolveu uma empresa de tecnologia sediada no Estado do Colorado, nos EUA. O CEO da companhia sabia que precisava colocar todos seus funcionários e colaboradores na mesma página em relação à empresa. O fato de estarem no campo tecnológico

significava que o cenário se alterava rapidamente. O CEO, então, observou a complexidade do setor, o potencial de seu pessoal e de sua organização e o que de fato ele gostaria de alcançar. Ele estava ciente das opiniões dos membros da equipe a respeito do modo como os serviços e produtos da companhia precisavam mudar. "Eu sabia que precisávamos de um jeito simples de olhar para a situação", explicou. "Foi minha filha quem me inspirou a usar figuras. Ela fez um curso de registros gráficos e usava essa prática na escola. Então eu fiquei imaginando se também conseguiríamos trabalhar com um quadro." Depois de se reunir com a equipe fora da empresa e conversar com todos a respeito do desenvolvimento de um plano estratégico e também da definição da figura certa para apresentar sua história como CEO e a do próprio grupo, eles chegaram a uma imagem que representava as atividades comerciais alinhadas aos objetivos, às pessoas com papéis bem-definidos e aos resultados acordados e esperados. Todos os princípios estiveram em operação em diferentes momentos do processo. Eles não contaram com um

abordagem "equilibrada" nem com uma estratégia até no final do trabalho, quando a própria imagem conseguiu agregar tudo em um só lugar.

O CEO comentou sobre o processo e a estratégia final desenhada no quadro. "Nós nos reunimos em torno de uma figura que dizia exatamente o que desejávamos nos tornar, como gostaríamos de ser e por quê. Esse mapa nos serve de guia e de ponto de partida para discutirmos e avaliarmos nosso empreendimento. Foi como uma espécie de conclamação à luta, e também uma maneira de explicarmos e discutirmos essa cultura empresarial única e fantástica."

Em **segundo lugar**, de um jeito bem simplificado, a palavra **alinhamento** também pode ser traduzida como **acordo**. Um grupo de pessoas que concorda em seguir em frente tem um foco e uma compreensão compartilhados de como o trabalho será realizado e por quê. Eles reconhecem que esse objetivo exigirá trabalho duro, mas estão comprometidos com o objetivo por meio de um senso comum de propósito e pelo foco no resultado final. Todos se sentem emocionalmente ligados ao acordo – como uma promessa, isso vai além de conformidade e está no cerne do compromisso pessoal e profissional.

Embora esse tipo de alinhamento seja uma ideia muito simples, ainda assim é difícil alcançá-lo e mantê-lo. Quando o atingimos, ganhamos adesão, compromisso, energia e foco. Entretanto, quando não dispomos dele ocorrem discussões, apatia, frustrações, isolamento e falta de produtividade. As equipes e divisões nas empresas ora têm alinhamento, ora não – é algo elusivo e fluido. As imagens e figuras criadas durante um processo de estratégia visual são fundamentais para realinhar todos os participantes. As imagens lembram as pessoas de seu compromisso com o resultado. Quando não temos alinhamento, o ambiente pode se tornar isolado e frio. O uso de figuras, metáforas e cores nos resgata desse isolamento e nos ajuda a dialogar com nossos pares sobre as barreiras que enfrentamos. As imagens podem nos ajudar a chegar ao cerne das questões, mesmo que os desafios e as batalhas necessários não sejam visualizados. O quadro contém informações que compartilhamos, cujas raízes se encontram em nosso pensamento coletivo. O processo e as imagens nos ajudam a sustentar os "acordos" que fazemos uns com os outros.

Se a equipe ou a empresa se esquece de trazer à tona algo importante, esse dado geralmente aparece depois que

 as pessoas estão alinhadas e trabalhando arduamente em busca do resultado desejado. O fato de ninguém ter percebido um obstáculo ou problema não significa necessariamente fracasso, apenas que o quadro e os processos usados em sua criação não foram suficientemente profundos para acessar questões simples que ainda surgirão pelo caminho. Detalhar ainda mais o quadro, pensando em todos os detalhes e todas as condições descritas a partir de ângulos múltiplos e acrescentando as perspectivas de pessoas de fora da equipe é algo que poderá ampliar o compromisso dos membros uns com os outros e, ainda, produzir maior alinhamento rumo ao objetivo final.

Como mencionado no início deste livro, se quisermos ser bem-sucedidos em um mundo tão competitivo, precisamos desesperadamente de novas maneias de construir o tipo de acordo e de alinhamento de que necessitamos. Uma das fundadoras do World Café, e coautora do livro *O World Cafe: Dando Forma ao Nosso Futuro por meio de Conversações Significativas e Estratégicas*[1], Juanita Brown, disse o seguinte: "A linguagem visual ajuda as pessoas a construírem cada vez mais a partir de ideias alheias. Todos têm uma chance de desenhar o que veem e consultar e conversar com outras pessoas sobre o que cada uma delas desenhou. Todos podem entender como cada um vê o outro. Com a desintegração dessa estrutura estável em que costumávamos confiar, hoje precisamos de sistemas menos hierarquizados para nos conectar. Diante desse colapso (social, econômico e ambiental), a linguagem visual, ou seja, a arte de colher e compartilhar conhecimento coletivo em relação a questões críticas, nos oferece novos caminhos para trabalharmos juntos e desenvolvermos caminhos viáveis."

---

1 – Cultrix, 2007. (N.T.)

A linguagem visual usada e descrita por Juanita Brown promove o tipo necessário de acordo e alinhamento. Podemos compartilhar o que as pessoas pensam e entendem, o motivo pelo qual pensam de determinada maneira ou acreditam no que fazem, porque somos capazes de visualizá-las dentro dos quadros que elas próprias desenharam ou que criamos junto delas. Essas imagens nos permitem discutir ideias e preocupações de uma maneira nunca tentada anteriormente.

Em 2002, Janet Ross, diretora-executiva e fundadora da Four Corners School of Outdoor Education (www.fourcornersschool.org), pediu ajuda para um projeto comunitário importante e potencialmente controverso. A sede de sua instituição fica em Monticello, cidade pequena no sul do Estado de Utah, próxima à intersecção com outros três Estados norte-americanos: Arizona, Colorado e Novo México. Seu programa atendia a professores, alunos e adultos da região e de todo o país, oferecendo programas educacionais inovadores que usavam como sala de aula os excelentes recursos garantidos pela própria natureza e pela vida ao ar livre. As aulas ocorriam nos mais variados ambientes, desde bacias naturais e picos de montanhas até desertos e desfiladeiros.

Foi então que o Conselho de Desenvolvimento Econômico (Economic Development Committee) da cidade se aproximou de Janet Ross para discutir a construção de um centro científico prático para atrair mais turistas para a região e ajudar a aumentar a base de arrecadação de impostos e também o número de empreendimentos na área. Esse foi um convite extraordinário, em vários aspectos, porém, havia um problema: a maioria da população da cidade e até do condado era mórmon, mas Janet Ross não. O fato é que os mórmons comandavam muitos dos serviços básicos da área, eram proprietários de vários negócios e, inclusive, serviam como funcionários do governo local e do próprio condado. Vários dos membros do conselho vislumbravam o centro científico como um novo impulsionador econômico para a comunidade, porém, poucos deles sabiam como construí-lo. Eles tinham certeza de que se conseguissem atrair alguém da região capaz de transformar a ideia em realidade, poderiam criar algo único e especial.

Monticello é uma das regiões mais pobres dos EUA. O local fica próximo a uma reserva indígena, a Navajo Reservation, e ocupa uma área cercada por algumas das florestas, terras públicas e alguns dos parques nacionais mais belos do país. No local, 8% das terras são privadas; 25% pertencem a tribos e 67% ao poder público. O condado tem dificuldades para oferecer até mesmo os serviços básicos, tendo em vista que poucas pessoas são proprietárias no local, portanto, são parcos os impostos capazes de sustentá-lo.

Por meio de uma série de encontros da iniciativa pública e de artigos publicados nos jornais locais, pouco a pouco a ideia ganhou apoio. A Administração para o Desenvolvimento Econômico (Economic Development Administration – EDA) levantou os recursos necessários para conduzir estudos de mercado e escrever um plano comercial para a ideia. Ao longo de todo o processo, os três princípios – **visualização de resultados**, **contenção de complexidades** e **criação de possibilidades** – foram empregados. Uma equipe comunitária continuou a compartilhar suas visões com os membros da comunidade. Eles modificavam e acrescentavam detalhes ao quadro geral daquilo que as pessoas viam, incluindo tudo que elas consideravam possível. As dificuldades em trazer um projeto dessa magnitude para uma cidade tão pequena foram abertamente discutidas. Os moradores locais estavam preocupados com o grande número de pessoas de fora que esse tipo de instituição acabaria atraindo para a região; eles também imaginavam como poderiam equilibrar o atendimento oferecido a esses turistas e também aos próprios alunos e às famílias da cidade. A comunidade discutiu de maneira aberta quais temas e conteúdos seriam ensinados no centro e por quê.

Parecia mesmo que a comunidade de Monticello estava alinhada ao compromisso de seguir em frente com a nova instituição de ensino e se arriscar a descobrir que retorno financeiro e possibilidades aquela instalação traria para a cidade. Lembro-me do encontro que deu início ao projeto e reuniu, durante uma tarde, os responsáveis pelo processo e um grupo de mulheres líderes da comunidade. A equipe desenvolveu um **mapa visual** como forma simples de envolver outros grupos de interessados no diálogo. (Lembrando que essa mesma imagem seria usada com todos os grupos focais para que as informações e contribuições pudessem ser solicitadas, capturadas e disponibilizadas para todos.) Então, depois da introdução, um membro do grupo pediu às mulheres que falassem a respeito das oportunidades que elas viam no projeto e, também, de suas preocupações em relação a ele. A resposta foi um silêncio desconfortável. A despeito dos bolos e da hospitalidade, o ambiente parecia hostil. Depois de uns 15 min nessa situação, dei um passo atrás e permiti que o silêncio realmente tomasse conta. Eu sabia que nada que eu dissesse (como forasteira) convenceria aquelas mulheres de que o novo centro seria uma boa ideia. Permaneci ali e refleti sobre as outras conversas que mantivéramos com a comunidade e me lembrei que as pessoas, embora reservadas, sempre se mostraram otimistas. Percebi, naquele momento, que se aquelas mulheres comprassem a ideia teríamos luz verde para o projeto.

Depois que a equipe permitiu que as mulheres pensassem bastante sobre a ideia e o conceito, uma senhora mais velha, sentada ao fundo, fez uma pergunta simples: "Você acha que se esse centro for construído aqui teremos acesso a produtos mais frescos na região? Teremos mais opções nos mercados?" E eu respondi: "Sinceramente, não sei. O que você acha?" Naquele momento, a mulher compartilhou com suas vizinhas suas preocupações quanto a não ter opções saudáveis de alimentos para oferecer à família. Ela

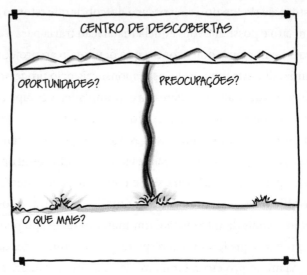

prosseguiu afirmando que um centro como o que estava sendo descrito significaria que as lojas e mercados teriam de oferecer produtos mais frescos e também mais variedade para atender aos visitantes. Ela também sugeriu que talvez a nova instituição fosse capaz de trazer os jovens da cidade de volta para casa depois da faculdade, pois eles teriam a certeza de encontrar trabalho e ter algo interessante para fazer na cidade natal.

Foi como se uma comporta tivesse sido aberta. Entusiasmadas, as mulheres começaram a falar sobre as possibilidades, as preocupações, o currículo e os programas do centro. O encontro, que deveria ter durado 1 hora, acabou demorando cerca de 90 minutos. Nele foram compartilhadas várias ideias novas e discutidos assuntos relacionados às famílias e também às atividades realizadas após o período escolar, questões que ainda não tinham sido levantadas. Havia alinhamento no recinto e conseguimos o apoio do grupo para continuar. Naquele projeto tão importante havia confiança e o desejo por parte daquele grupo especial em participar. Contar com todas essas condições favoráveis foi como atear combustível ao fogo. Janet Ross refletiu sobre a questão e disse: "Contar com a adesão da comunidade seria a única maneira de fazer esse projeto dar certo. Seja qual for o meio de garantir essa participação, é isso o que faz as pessoas perceberem o potencial e apoiar o sucesso da empreitada." A adesão da comunidade foi o que acelerou o projeto e fez com que ele decolasse. O centro prático de descobertas de Monticello está no caminho para alcançar sua meta de novos prédios, uma instalação de pesquisas, um observatório de astronomia e muito mais. Para saber mais sobre o projeto, visite www.fourcornersschool.org.

A utilização conjunta dos três princípios e de imagens acelerou o compromisso e a adesão por parte das pessoas e produziu resultados reais. Muita gente descreve isso como a mágica que acontece quando as pessoas se engajam em um processo de estratégia visual. Desde que todos os princípios sejam aplicados de modo consciente, e com atenção especial à inclusão dos múltiplos interessados, haverá um momento em que a energia no ambiente mudará totalmente, deixando de se concentrar no passado e se voltando para o futuro. Aceleração é o resultado da convergência condicional, e rapidamente converte imagens e estratégias em impulsionadores de ação, mudança e sucesso. **"Por que isso acontece?"** e **"Como isso acontece?"** são questões legítimas. Explorá-las é a chave que possibilitará exceder os limites do planejamento estratégico e alcançar o domínio da execução.

Por que isso acontece? Aceleração pode ser definida como "medida de quão rápido uma velocidade se altera." Esta é uma definição física do mundo real – explica como a velocidade de um corpo muda, certo? E as medições que usamos com o tempo podem ser vistas em valor agregado ou em dinheiro, em velocidade (pense em um carro de corrida), ou em quão rápido alguém altera seu comportamento ou muda de ideia. Aplicamos o significado de aceleração nos negócios quando falamos sobre "produção *just-in-time*", cujo significado é "com que rapidez uma empresa consegue customizar um produto para mim?" Também o utilizamos em relação à "prontidão para mudança," quando avaliamos a habilidade de uma cultura em se transformar, e em que proporção. Em todos esses casos, queremos conhecer a velocidade e a proporção da mudança dentro de um sistema, de uma cultura, de uma equipe ou até mesmo de um empreendimento. Queremos criar as condições ideais para que as pessoas e seus sistemas atuem de modo mais célere, mudem seus cursos e adotem novos caminhos. Mas isso se torna ainda mais interessante.

Também existe algo denominado **efeito acelerador**, descrito como "o fenômeno segundo o qual uma variável se move em direção ao valor desejado cada vez mais rápido". Por exemplo, na área de economia, o efeito acelerador ocorre quando uma economia específica apresenta nível total de emprego, confiança por parte do consumidor e investimento de capitais. Essas condições contribuem para o efeito de aceleração do crescimento econômico. Todavia, quando essas mesmas variáveis encontram-se em desequilíbrio, ou não operam de modo conjunto, ocorre exatamente o oposto – **desaceleração**.

O significado de aceleração e o efeito acelerador correspondem ao modo como mapas funcionam como aceleradores quando estratégias são visualizadas e executadas. As imagens, cores, metáforas e palavras-chave são a série de variáveis que operam de modo conjunto a fim de produzir movimento em uma direção que propicie resultados. Todos os itens a seguir precisam se mostrar operacionais em uma série de mapas (ou em um), retratados de modo visual:

- Um sistema que concorde com a direção que deverá ser tomada

- Pessoas que saibam perfeitamente o que é importante em seus sistemas complexos e como se concentrar naquilo que realmente importa

- Equipes e indivíduos que estejam entusiasmados sobre as possibilidades, e que possam "vê-las" enquanto se movem em direção a elas.

- Um sistema que mantenha a confiança e o compromisso necessários para sustentar as atividades relacionadas ao desempenho.

Isso exerce um efeito acelerador. Para colocar de modo simplificado, os funcionários atuam de maneira mais rápida em direção a algo que eles próprios desejam alcançar. Eles demonstram isso pelo ritmo de suas conversações e pelo tom de voz que utilizam ao dialogar sobre possibilidades e oportunidades. Há um leve sentimento de euforia coletiva e um nível de excitação pelo fato de que algo novo está acontecendo. Esse sentimento é contagioso. Isso também é o resultado do efeito acelerador – condições positivas continuam a se apresentar. Todos querem se envolver; eles estão entusiasmados pelo que está ocorrendo e sentem-se parte do que está sendo discutido e planejado. Na história de Sean, você se lembra de como Charlie queria incluir sua equipe na segunda reunião? Ele disse que os membros do grupo estavam curiosos sobre o que acontecera quando a equipe administrativa sênior se reuniu fora da empresa, e explicou que todos desejavam passar pela mesma experiência com Daniel.

"O entusiasmo pela possibilidade de me expressar e contribuir é maior que o medo que eu poderia sentir por me considerar inadequado ou menos capaz. As pessoas enfrentam a situação e o fazem com alegria! O trabalho é real e relevante; o processo funciona e eu consigo ver na imagem os resultados de toda a deliberação, do desacordo, da resolução e do alinhamento. O quadro conecta a alegria e o trabalho", refletiu Carlos Mota, conforme discutia porque as figuras se tornaram importantes em seu método de trabalho.

De modo similar, Jeraldene Lovell-Cole, consultora de negócios, artista e *coach* intuitiva, comentou em uma entrevista: "Tenho visto muitos casos nas empresas em que as coisas estão mudando e novas ideias para seguir adiante estão sendo discutidas. Quando ideias, questões e soluções possíveis são capturadas nas imagens, à medida que emergem no recinto, surge também um **senso de pertencimento**. Os participantes sentem que estão sendo ouvidos conforme suas sugestões são registradas no '**mapa**'. Isso encoraja um verdadeiro alinhamento com soluções viáveis. As pessoas são realmente envolvidas e não é preciso forçar a '**adesão**' de ninguém. Visuais abrangentes como esse oferecem às organizações um esquema (uma planta) que parece '**vivo(a)**' porque capturam a energia no recinto. Esse esquema funciona como um plano, uma estrutura e/ou uma maneira de fazer o trabalho. A energia também está incorporada no mapa. Esses ingredientes criam envolvimento, o que é crítico para se conseguir que as coisas sejam feitas." O nível de engajamento combina com o compromisso emocional, físico e intelectual das pessoas. Quando o nível de energia está elevado e a clareza e o propósito são delineados, as pessoas deixam para trás velhos métodos de trabalho e adentram o novo "quadro". Quando culturas inteiras ou sistemas empresariais fazem isso, essa ação é **transformativa**. A aceleração oferece a rapidez que permite que o sistema se mova – e ele se **move**.

Conforme examinamos o funcionamento da aceleração, verificamos que os três princípios ajudam muito na criação das condições ideais para transformar o processo de tomada de decisão e as estratégias de negócios. Contudo, usar os três princípios e um mapa visual dentro do contexto de uma grande multinacional, onde tais atividades não são a regra, pode se revelar um desafio ainda maior. Em seu artigo para a revista *Harvard Business Review* intitulado *Accelerate!*, John Kotter discute a necessidade de uma estratégia de negócios real em um mundo que está em constante transformação. Como descrito anteriormente, a globalização, a relevância dos produtos e o relacionamento com os clientes representam demandas únicas para os lideres empresariais. Kotter afirma que, à medida que as organizações ficam maiores e mais avessas a riscos, elas perdem suas habilidades e o tempo certo de responder de modo estratégico tanto a oportunidades quanto a adversidades. Agilidade, flexibilidade e capacidade de resposta são questões elusivas em organizações hierarquizadas que se mantêm concentradas nos negócios do dia a dia, em garantir sua fatia de mercado e gerar lucros.

Kotter nos pede para considerar uma estrutura de negócios que permita a convivência de dois sistemas, ambos "operando de forma conjunta." Um deles é o sistema operacional (ou "hierarquia voltada para a administração") e o outro é o "sistema estratégico" ou "rede estratégica." Essa rede estratégica inclui pessoas de todas as funções e níveis hierárquicos da empresa. Uma coalizão orientadora comanda a rede estratégica, e um conjunto de princípios condutores oferece a governança necessária para se atingir resultados. Kotter argumenta que o benefício de um sistema separado está no fato de que, enquanto a rede coordena atividades com um sistema em operação, as regras hierárquicas e os métodos convencionais de trabalho não se aplicam à rede, o que permite que integrantes da empresa respondam e reajam de maneiras diferentes a oportunidades que poderiam, de outro modo, sequer ser consideradas.

A criação formal de uma rede estratégica que possa coexistir com o lado operacional da empresa é algo absolutamente revolucionário. Esse conceito nos oferece um modo inteligente de conectar o que temos hoje (um sistema hierárquico lento em responder) e agilidade na forma de uma rede social focada em estratégia responsável por se tornar viral dentro do negócio a que serve.

A rede estratégica de Kotter formaliza as condições requeridas para o desenho e a implantação bem-sucedidos da estratégia. Ela coloca em funcionamento os sistemas e as estruturas necessárias para responder aos desafios e às oportunidades com as quais os empreendimentos deparam todos os dias, mas que inexistem em sistemas amplos. Com todos na rede vistos como líderes e considerados catalisadores de mudança e, ao mesmo tempo, com a autoridade e a habilidade para alavancar uns aos outros, as condições para o sucesso são replicadas inúmeras vezes – efeito acelerador. Isso se torna um ambiente ideal para transformar não apenas os tipos de decisões tomadas por líderes empresariais e administradores, mas, também, o modo como eles o fazem.

Porém, ainda falta algo na proposta de Kotter: figuras, imagens e metáforas que conectem ambos os sistemas e os amarrem um ao outro. Mapas abrangentes do que está sendo respondido, e por quê, começam a fornecer um esquema que validaria as atividades da rede estratégica. No sistema operacional, líderes e funcionários **"veem"** o que essa rede estratégica está fazendo e como está lidando com os negócios do dia a dia. Lembre-se: construir de modo conjunto e apoiar as figuras alheias cria relacionamento e entendimento compartilhado. Esse tipo de imagem, desenvolvida pelos dois sistemas de modo separado e conjunto, ajudaria os líderes a verem as conexões entre estratégia e operações, e em múltiplos níveis. Figuras abrangentes demonstrando como uma rede trabalha, com e para o sistema operacional, reduziriam o medo de pessoas ansiosas ou desconfiadas de tal rede e apresentariam um novo modo de trabalhar. Se houver lacunas operacionais ou estratégicas enquanto os dois sistemas operam juntos, os mapas seriam capazes de revelá-las e, assim, permitir que os líderes e membros soubessem exatamente onde concentrar seu tempo e sua atenção. Por fim, líderes conseguiriam ver os efeitos positivos imediatos à medida que os dois sistemas usassem linguagem visual para dar significado às suas ações, interações e aos resultados para a organização.

A inovação de Kotter cria uma solução palatável para empresas interessadas em experimentar e se arriscar em um sistema novo e simultâneo que resolva o déficit nas práticas comerciais atuais. Kotter resume a situação do seguinte modo: "Atualmente, as falhas inevitáveis de sistemas operacionais isolados nos causam danos, mas, no futuro, elas irão nos aniquilar. O século XXI forçará nosso desenvolvimento em direção a uma forma de organização fundamentalmente nova (...) Contudo, as empresas que chegarem lá primeiro, porque estão agindo agora, testemunharão sucesso imediato e de longo prazo – para acionistas, clientes, funcionários e para si mesmas. Já as que ficarem para trás, sofrerão enormemente, se é que conseguirão sobreviver."

Com base no trabalho de ilustração estratégica, registro gráfico e visualização gráfica, prevejo que o uso de imagens e figuras criará conexões mais firmes entre os dois sistemas, produzindo resultados mais rápidos. Consigo até antever organizações sendo capazes de se mover com mais facilidade e de modo contínuo entre ambos os sistemas, até o ponto em que já não precisarão dos dois – efetivamente eles se tornarão **um só**. Com imagens e figuras no cerne do seu trabalho, poderá emergir uma estrutura organizacional que atenda às necessidades da companhia e apoie o estilo de trabalho e a entrega de resultados. Com um sistema que continue a sustentar e oferecer condições para o sucesso, a aceleração se torna regra para as grandes empresas multinacionais mencionadas por Kotter, de modo que, em vez de viverem no passado, elas respondam a um futuro de possibilidades. **Afinal, o futuro está chamando agora!**

Seu futuro está chamando!

CAPÍTULO 6

Todo o conteúdo deste livro nos traz a este momento específico, em que você confronta a voz em sua cabeça, que diz: **"Isso faz pleno sentido"**, e aquela outra que questiona: **"O quê? Você está maluco? Não se pode fazer isso!"**

Acredito que estejamos adentrando uma época em que o uso de imagens, metáforas e palavras se torne a regra quando o assunto for estratégia de negócios, planejamento e inovação. Veremos um número cada vez maior de organizações, de todos os portes, abraçarem a ideia de que uma boa figura, combinada a uma ótima estratégia, se espalhará por toda a empresa para inspirar, motivar e estimular as pessoas a agir. Já examinamos o ambiente empresarial e utilizamos histórias e exemplos para explicar quando as imagens funcionam e por que motivo elas fazem sentido. **Você se sente inspirado? Ainda está um pouco nervoso, entretanto?** Tudo bem – este capítulo é para você!

Neste capítulo nos concentraremos em responder a três perguntas específicas: 1ª) "Quando devo usar o desenho?"; 2ª) "Quando as figuras são mais úteis como ferramenta estratégica?"; e, finalmente, 3ª) "O que devo desenhar?". Isso lhe proporcionará não apenas orientação, mas foco específico na maneira como poderá usar os desenhos diariamente no trabalho e nos negócios, talvez pelo resto de sua vida. O objetivo maior é fazê-lo compreender e, ao mesmo tempo, sentir-se confortável com a ideia de que as imagens estão lá para apoiar seu sucesso pessoal e também do seu empreendimento, e de maneira estratégica.

Comecemos pela discussão das duas primeiras perguntas.

QUANDO DEVO USAR O DESENHO?

O tempo todo! Por quê? Bem, considero que as razões para se usar desenhos sejam diversas, porém, neste livro, listarei as que considero fundamentais para qualquer homem/mulher de negócios. De fato, há outros indivíduos que compartilham essa opinião.

• **O ato de desenhar ajuda você a ver coisas que, de outro modo, permaneceriam invisíveis.** Entrevistei o CEO de uma empresa multinacional que utiliza figuras em seu trabalho, tanto em relação à empresa que comanda quanto às equipes de trabalho. Antes de se reunir com qualquer grupo (clientes, diretores, líderes sênior), ele pega uma folha de papel em branco e desenha uma imagem daquilo que deseja alcançar com a reunião, sempre na parte superior esquerda da página, deixando os demais três quartos da folha livres. Então, ele pega esse papel e o leva consigo para a sala de reuniões. Em suas palavras: "Sempre tenho o resultado almejado claramente definido à minha frente. Uso o restante do papel para tentar visualizar os que os demais participantes do encontro estão vendo. Para conseguir ouvir e entender as perspectivas do grupo, desenho tudo o que eles dizem no papel. Isso me ajuda a enxergar o quadro geral e a fazer as conexões necessárias. Desse modo, eu consigo entender de onde elas vêm."

• **Desenhar é um exercício para os hemisférios direito e esquerdo do cérebro.** Mesmo que não houvesse qualquer outra razão para fazê-lo, desenhar é importante para diminuir o seu ritmo e lhe permitir utilizar os dois hemisférios do seu cérebro, de modo organizado e estruturado, para visualizar questões não lineares. Essa prática também desafia o ser humano a encontrar conexões e relações entre planilhas, tabelas, indivíduos, estruturas e informações, de maneiras criativas.

• **Novos sistemas e novas estruturas surgem a partir do desenho.** Quando o indivíduo organiza seus pensamentos de modo visual, ele usa diferentes símbolos para representar vários elementos. Todd Barker, sócio-sênior do Meridian Institute, disse certa vez: "Eu costumo desenhar em meu escritório para conseguir organizar meus pensamentos. Acredito que mais pessoas deveriam usar essa técnica como ferramenta organizacional, tendo em vista que todos os colegas com os quais trabalhamos possuem diferentes modos de processar informações. Ao enfrentar um obstáculo com um colega de trabalho, se eu for capaz de compartilhar algo visual com ele, isso poderá nos ajudar a superar nossas diferenças e a nos concentrar nos pontos em comum."

• **O desenho pode mudar a maneira como você toma decisões.** Desenhar o que se vê, escuta e observa é uma prática capaz de transformar a relação entre líderes empresariais e seus funcionários, bem como a interação desses indivíduos com as informações necessárias para que possam agir. Tomar importantes decisões comerciais sem possuir todas as peças do quebra-cabeça pode se revelar um desastre. Desenhar todas as variáveis envolvidas em uma decisão, demonstrar cada conexão existente entre elas e prever os mais variados cenários para determinar o impacto das decisões sobre eles são práticas capazes de garantir aos líderes empresariais – e às suas equipes de trabalho – tanto as **conexões fundamentais** quanto as **informações** de que eles precisam para rapidamente tomar decisões bem embasadas e calculadas.

• **Quando desenha, sua atenção se concentra naquilo que você está colocando no papel.** Se você tem um tópico difícil a levantar, ou uma questão controversa para resolver, o desenho pode se revelar a maneira perfeita de promover certo distanciamento entre você e o problema. De acordo com Mikael Krogerus e Roman Tschäppeler, em seu livro *The Decision Book* (*O Livro das Decisões*), quando você desenha: "A atenção é desviada de você para o assunto. Você já não está mais diante de um júri, mas falando diretamente a ele a respeito de uma questão separada." Os autores vão ainda mais longe ao afirmar que: "Imagens são sempre lembradas em conexão com sentimentos e lugares. Seus ouvintes olharão para o modelo no papel e imediatamente se lembrarão do que você lhes disse."

• **Desenhar oferece sustentação a uma escuta aprimorada.** Um dos desafios desse nosso ambiente de trabalho acelerado e exigente com o qual convivemos atualmente é a **deterioração** de nossas habilidades de **ouvir**. De modo geral, ou as pessoas formulam respostas antes mesmo de seus interlocutores terminarem suas frases ou elas são distraídas pela tecnologia e por outras "conversações" acontecendo simultaneamente. Quando uma pessoa se senta, pega uma folha, um lápis, algumas canetinhas coloridas e desenha algo sobre o papel, essa atitude

acalma o cérebro dela por tempo suficiente para que ela consiga se concentrar no que está sendo dito e, então, seja capaz de participar da discussão.

• **A prática leva à perfeição.** O esporte, a música e a arte já nos ensinaram que quanto mais fazemos determinada coisa, mas nos tornamos bons nela. Em minha experiência, todos queremos desenhar. Desde as pessoas que participam de cursos específicos de ilustração estratégica até as que fazem parte das reuniões em que esses desenhos são usados, todos **queremos** fazê-lo! Isso está associado ao nosso profundo desejo de criar. Portanto, vá em frente e ceda a essa tentação. **Arrisque!** Seus colegas certamente irão admirá-lo pela sua coragem; eles acreditarão em você quando lhes disser: "Um cão velho aprendendo truques novos." Por meio dos desenhos você encontrará uma maneira única de conversar, trabalhar e criar ao lado das pessoas com quem trabalha diariamente. Você se divertirá mais, eu garanto! E isso nos leva ao último ponto crucial.

• **Desenhe em conjunto com outras pessoas.** Nas palavras de Juanita Brown, cofundadora do World Café: "Desenhar junto a outras pessoas traz as coisas de volta a uma **'escala humana'** – uma dimensão que é íntima em tamanho e elaborada pelas mãos. As relações humanas são aprimoradas pelas novas conexões que esses desenhos estabelecem entre as pessoas e o que é importante para elas."

Discutimos a necessidade de encontrarmos novas maneiras de nos conectar uns aos outros, que vão além das práticas escritas e verbais. Desenhar em conjunto com outra(s) pessoa(s) cria um nível de segurança ("não estou nisso sozinho") e nos estimula a pensar sobre ideias e desafios dentro do contexto do indivíduo (ou grupo de indivíduos) com o qual estamos desenhando. À medida que as empresas de todo o mundo lutam para manter clientes e talentos, acredito que veremos mais equipes e organizações apoiando o uso de figuras como forma de trabalhar no futuro e pensar em questões cruciais. Trata-se, afinal, de um meio de comunicação que todos compartilhamos – a linguagem visual.

QUANDO AS FIGURAS SÃO MAIS ÚTEIS COMO FERRAMENTA ESTRATÉGICA?

Essa é uma excelente pergunta! Há momentos em que uma figura de sua estratégia não será tão útil quanto em outras situações. Desenhar sua estratégia de negócios pode ser interessante quando você considera como os negócios fazem as coisas acontecerem para entregar ao cliente um determinado produto ou serviço. Chamo a isso de **sequência contínua de estratégia-execução**.

Todos os aspectos de um negócio se encaixam nessa sequência, desde *marketing* e vendas até estratégia comercial, finanças e orçamento. Independentemente de sua empresa ser uma *start-up* (iniciante) com uma nova ideia ou uma corporação multinacional com sedes espalhadas pelos cinco continentes, os homens e mulheres de sua companhia utilizarão intuição e abordagens similares para planejar, definir estratégias e executá-las. Como indivíduos profissionais, obtemos, adquirimos ou geramos grandes ideias; desenvolvemos um plano para colocá-las em prática (ou provamos que elas não devem ser implementadas); e, então, nos movemos para executar nossos planos, produzindo um novo serviço, produto ou processo. Isso acontece milhões de vezes por dia com proprietários individuais, empresas multinacionais e equipes interfuncionais. Mas em que lugar as figuras poderiam ser mais úteis nessa sequência contínua para ajudar os líderes empresarias e suas equipes a alcançarem mais rapidamente o estágio de execução?

Grandes mapas e figuras trazendo os pensamentos e o planejamento das equipes se encaixam perfeitamente em várias partes da sequência contínua de estratégia-execução. As sugestões seguintes são exemplos dos formatos para diferentes estágios dessa sequência. A lista começa com a geração de ideias e segue até a estruturação, organização e execução de um conceito, produto ou serviço.

Mapa de sonhos, compartilhamento de ideias e *brainstorming*. O objetivo desse mapa é reunir todas as ideias em um só lugar. Quanto mais pessoas participarem desse *brainstorming*, melhor. Ícones e cores podem ser usados para agrupar certos itens de modo que as pessoas percebam os elementos comuns que permeiam as ideias. Algumas delas podem ostentar um caráter operacional, outras, estar relacionadas ao *marketing*, e um terceiro grupo talvez diga respeito aos clientes. As cores e os ícones ajudam as pessoas a organizarem o todo e a compreenderem o *brainstorm*.

Mapa de visão, resultado ou propósito. Surgidas as possibilidades a partir do processo de *brainstorming*, esse mapa ajudará a definir a direção ou o propósito de cada equipe. Uma questão que o grupo poderá usar para nortear o diálogo é: **"O que esperamos conseguir com esse esforço?"**. Essa pergunta se concentra em definir o resultado ou o propósito. Outra pergunta importante seria: **"O que pretendemos dizer com isso?"**. A resposta, nesse caso, esclarece a gênese

da ideia original e começa a se concentrar no resultado, na visão, no objetivo ou no propósito que a equipe espera alcançar.

Mapa de análise da lacuna. Esse quadro ajuda a demonstrar se uma nova ideia, solução ou alteração se encaixa na estrutura existente. A equipe usa esse modelo de negócios consagrado para definir o que está acontecendo hoje e onde o empreendimento poderá estar amanhã. O marco visual no centro representa a encruzilhada entre o hoje e o amanhã. Membros da equipe deveriam se perguntar: **"Que ações específicas podemos tomar hoje para nos aproximar de onde queremos chegar?"**. E, então, completar aqui.

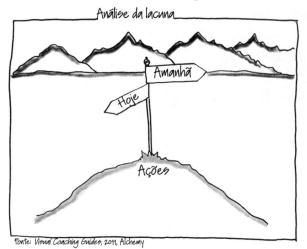

Fonte: Visual Coaching Guides, 2011, Alchemy

Mapa de grupo focal ou de *feedback* de clientes/*stakeholders*. É algo inestimável usar uma imagem para capturar as ideias de clientes e *stakeholders* relacionadas às oportunidades que eles veem ou às preocupações que sentem em um novo produto, serviço ou a uma nova ideia. Fazê-lo de modo visual, usando repetidas vezes o mesmo quadro com diferentes grupos de pessoas (de idades, demografia e representação geográfica distintas), pode fornecer informações ricas que revelam muitos níveis de informação. A facilitação que acompanha o uso dessa imagem é dinâmica, pois ela pode se mostrar ao mesmo tempo aberta e focada, dependendo da necessidade. Ela evidencia tudo, desde a reação emocional a uma produto ou serviço até as consequências legais, operacionais e financeiras de se avançar com um produto ou serviço.

CAPÍTULO 6: O QUE FAÇO AGORA?!!? 155

```
Feedback de grupos focais, clientes e stakeholders
┌─────────────────────────────────────────────┐
│ Valores                                     │
│                                             │
│  ┌──────────────────┬──────────────────┐    │
│  │ Oportunidades?   │ Preocupações?    │    │
│  │                  │                  │    │
│  │                  │                  │    │
│  │                  │                  │    │
│  ├──────────────────┴──────────────────┤    │
│  │ O que está abaixo da superfície?    │    │
│  │                                     │    │
│  └─────────────────────────────────────┘    │
└─────────────────────────────────────────────┘
```

Mapa com *benchmarks*. Conforme uma ideia de negócio amadurece, um mapa pode clarear a direção que você está seguindo e ainda fornecer os marcos ou *benchmarks* necessários para que se possa atingir o objetivo final, do modo que você e sua equipe o enxergam. É possível modificar esse mapa para mostrar como **"estradas"** diferentes levam ao mesmo resultado; este pode se revelar um excelente instrumento para planos de contingência.

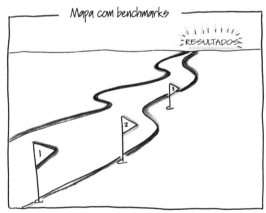

Mapa de atividade do projeto. Além de incluir as principais categorias do empreendimento (vendas, *marketing*, operações e pessoal) que precisam estar envolvidas no processo, esse mapa também revela as atividades associadas que devem ser realizadas para possibilitar a condução de um produto ou serviço ao mercado. As atividades são organizadas pelo uso de ícones similares e das mesmas cores em cada categoria principal.

Embora bastante direto e objetivo, os conceitos básicos desse tipo de mapa podem ser altamente customizados e alterados para acomodar cenários específicos e sistemas necessários para se lançar um produto.

Atividade do projeto

PROJETOS	ATIVIDADES

Plano de ação estratégica. Esse é um mapa completo de planejamento de ações que inclui em seu lado esquerdo, prioridades estratégicas, ações e atividades-chave organizadas pelo trimestre em que serão implementadas; e, no lado direito, os objetivos e as medidas que impulsionarão as atividades até o objetivo final, que incluem avaliações e resultados. Inspirado no livro *Estratégia em Ação*[1], de Robert S. Kaplan e David P. Norton (original de 1996), esse modelo de negócios nos oferece ações específicas que podem ser medidas e, com base na cultura de sua organização, cascateadas para áreas prioritárias da companhia.

À medida que você passa pelos estágios de sonho e *brainstorming*, visão e propósito e planejamento de atividade, as figuras de sua estratégia são extremamente úteis.

---

1 – Campus, 2001. (N.T.)

Plano de ação estratégica

PRIORIDADES	ATIVIDADES POR TRIMESTRE	OBJETIVOS E MEDIÇÕES
1		
2		
3		
4		
5		

Uma vez que as ideias ainda não se solidificaram (pelo menos nos primeiros estágios), existem inúmeras oportunidades para discutir ideias com várias pessoas dentro e fora do negócio. As imagens se tornam uma maneira de conversar sobre um novo produto ou serviço sem ter de entrar em detalhes que sobrecarreguem os ouvintes que você estiver consultando. Os exemplos aqui apresentados são intencionalmente simples. Eles permitem a adição, a troca e a modificação de várias perspectivas e categorias, com base no que possa funcionar melhor para um determinado empreendimento dentro da sequência contínua de estratégia-execução. Pense nesses quadros como guias para dar início a um processo "de criação". As regras são bem simples: 1ª) certifique-se de que, independentemente do que decida fazer, vai realmente funcionar com a equipe, o negócio, a empresa e o ambiente; 2ª) experimente – o primeiro quadro que usar talvez não seja o "correto", portanto, tente algo diferente; 3ª) não faça esse trabalho sozinho. Se o fizer, o resultado poderá se revelar um completo vácuo.

Conforme o negócio se move ainda mais na sequência estratégia-execução, alcançando os estágios de atividade e planejamento, desenhar uma estratégia de negócios também é bastante eficaz. Os quadros aqui sugeridos servem a dois propósitos primários. Em primeiro lugar, eles contêm e representam todos os diálogos, as reflexões e os pensamentos coletivos que fizeram parte dos esforços que o levaram ao mapa de planejamento escolhido. Planejamento e mapas de atividades eficientes contêm e projetam o modo como o grupo, ou a equipe, vai se mover de um lugar para outro no futuro. Em entrevista com Ulric Rudebeck, autor, artista e consultor de negócios, sobre o trabalho dele com imagens, estratégias e negócios, ele disse: "Esses mapas (de atividades) combinam o tempo, o conteúdo e as condições físicas (ou espaço) para a equipe. Eles nos dizem o que vai acontecer (conteúdo), em que período de tempo e em relação a que finalidades ou oportunidades (espaço). Esses mapas de planejamento são uma síntese e uma realização daquilo que a equipe decidiu realizar em seus primeiros estágios de planejamento."

Os modelos e processos dos mapas que, na sequência contínua, estiverem mais próximos da extremidade de execução se transformam no que chamaríamos de esquemas de responsabilidade e produção de atividade. É possível implementar mudanças e modificações (o que frequentemente ocorre) com base nas variáveis sobre as quais a equipe não exerce controle, como alterações de mercado, de tecnologia, relativas ao clima ou a atrasos. Nesse esquema, a responsabilidade em relação à equipe e ao negócio é apresentada pelo nível de especificidade, pela identificação de quem fará o trabalho e também pela demonstração de compromisso. Em geral, isso é chamado de **"mapa de planejamento de ação"**. Com frequência, os membros da equipe assinam seus nomes nesses mapas como demonstração oficial de comprometimento e reconhecimento de que o caminho escolhido foi acordado por todos.

À medida que a equipe e o negócio se concentram em executar os planos previamente definidos, mapas visuais mais amplos e abrangentes, como os já discutidos, tornam-se menos úteis. O foco nesse estágio da sequência é **realizar** o trabalho planejado e entregar valor à empresa. Há exemplos de equipes de produção que usam esses mapas grandes e abrangentes para interpretar ou sintetizar informações *Six Sigma*; embora úteis, esses mapas tornam-se descartáveis porque foram feitos justamente para ajudar a identificar o que não estava funcionando, criar soluções que corrijam o curso, efetuar alterações necessárias e permitir que as pessoas sigam em frente. Todos os outros mapas proximamente relacionados a ele também são irrelevantes. Em geral, eles ajudam as equipes a perceber o que as está segurando ou o que elas precisam fazer para descobrir algo novo ou revelar um padrão que precisa ser alterado conforme se aproximam do objetivo.

Algumas empresas plastificam ou enquadram seus mapas estratégicos a fim de manter o foco da empresa em uma direção específica. Imagens de estratégias de negócios permanecem úteis como um lembrete daquilo em que as pessoas estão se concentrando e do porquê. Outras organizações utilizam esses quadros para orientar novos empregados ou compartilhar sua estratégia operacional com clientes. Eles retêm a energia, o foco e o entusiasmo usados em sua criação. Lembro-me de visitar a fábrica de um de meus clientes depois de quase dois anos de um período intenso de sessões estratégicas. O primeiro mapa desenvolvido ainda estava pendurado sobre a porta que dava acesso à área de produção. Pessoas que encontrava pela primeira vez apontavam para o mapa e compartilhavam comigo o modo como haviam aprendido a respeito dos fatos ali capturados. O gerente geral comentou sobre a importância daquele quadro para o reposicionamento da empresa. Qualquer um que conhecesse a história daquela companhia se mostrava profundamente ligado às imagens ali retratadas. Novos empregados adentravam uma cultura que abraçava a visão, os princípios e as orientações ora criadas por seus colegas.

Seria fantástico se todos os processos de produção e entrega fossem assim tão simples: a estratégia seria desenvolvida e, então, a empresa passaria por todas as fases até chegar à execução, entrega e criação de valor. Porém, o contexto em que normalmente agregamos valor aos negócios lança nova luz sobre o nosso empreendimento e nosso trabalho. Operamos nossos produtos, bens ou serviços dentro de um contexto de relacionamentos humanos, poder, política, preços, condições econômicas, regulamentações, hierarquia, competição e várias outras ameaças aos negócios.

Quando penso a respeito dessas condições e também a respeito do modo como elas influenciam o trabalho, surge outra sequência contínua que atua sobre os sistemas, a qual denomino **sequência contínua de clareza-complexidade**. Uma extremidade de nossa atividade comercial é clara (clareza). Sa-

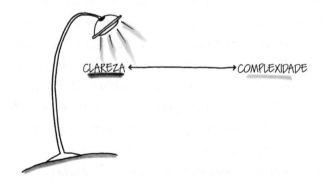

bemos o que precisamos fazer, nosso objetivo está visível e correremos atrás dele. Na outra extremidade dessa sequência está a complexidade, que envolve fatores que influenciam e intensificam nosso ambiente de trabalho. Esses elementos criam confusão, frustração e erros de comunicação, e contribuem para reduzir a confiança e promovem a falta de alinhamento. É importante esclarecer adequadamente a complexidade dentro das organizações para possibilitar que a equipe ou a empresa execute seu trabalho e entregue valor.

Que tipo de quadro pode ser usado ao longo dessa sequência contínua? Embora a clareza não demande imagem específica para sustentar sua estratégia, algo simples, enfático e colorido pode ajudar a todos na empresa a se lembrarem do propósito claro, do foco, do que é possível entregar e do resultado.

Conforme nos movemos nessa sequência, da clareza para a complexidade, algumas ideias para imagens podem incluir os seguintes elementos:

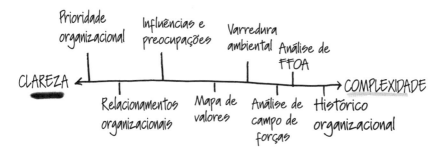

Mapa de prioridade organizacional. Essa é verdadeiramente uma visão "de cima", além de um quadro perfeito para equipes sênior responsáveis por múltiplos programas e projetos. Essas equipes têm profunda necessidade de observar tudo num único lugar e, de fato, é imensamente gratificante para elas ter a opção de visualizar todos os projetos e dinâmicas num local grande o suficiente, que possam ser lidos e acompanhados por todos (e não no papel, com letras minúsculas). Ignore o desejo de contar com um mapa demasiadamente detalhado, uma vez que o objetivo é perceber as inter-relações entre programas e projetos, identificar prioridades com base num conjunto de oportunidades e desafios e usar esse visual para identificar a ordem em que tudo será realizado.

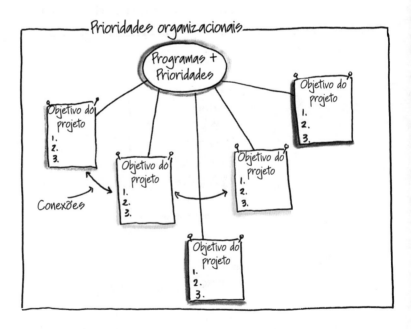

Mapa de relacionamentos organizacionais. Similar a um gráfico organizacional, esse mapa identifica quem tem influência, é responsável e prestará contas sobre o produto, o desafio ou a divisão em sua empresa. É bem útil quando uma equipe precisa identificar na companhia indivíduos que possam fazer a diferença ou até ajudá-la com um produto ou uma possível mudança no sistema. Nesse mapa, os integrantes da equipe identificam as relações existentes, as que eles precisam estabelecer (e por quê) e, ainda, os relacionamentos de que necessitam para sustentar o plano ou a ideia que está sendo implementada. O quadro também inclui o modo como a equipe planeja conseguir as pessoas necessárias para o projeto e quando.

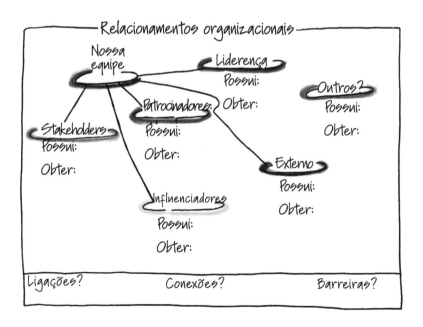

Mapa de influências e preocupações. Tomando emprestado do livro de Stephen Covey, *Os Sete Hábitos das Pessoas Altamente Eficazes*[2], esse mapa ajuda a mostrar **o que preocupa** a equipe ou o grupo de pessoas em relação ao negócio; ele também oferece distinção entre essas preocupações e aquilo sobre o que as pessoas envolvidas **exercem influência**. Esse tipo de mapa demonstra o que os envolvidos podem fazer com a influência que possuem e que tipos de preocupações terão de ser deixadas de lado. Deixar de lado certas questões preocupantes, a respeito das quais não se tem influência ou autoridade, ajuda as pessoas a se concentrarem naquilo que precisa ser feito para realizar o trabalho.

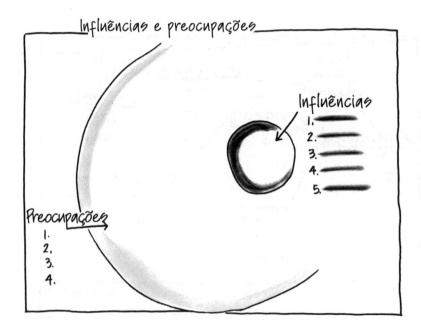

---

2 – Best Seller, 2009. (N.T.)

Mapa de valores. O mapeamento dos valores organizacionais (declarados e reais) junto aos valores dos indivíduos da equipe possibilita delinear o que é importante para cada pessoa e por quê. Essa prática também demonstra de que maneira os valores organizacionais se encaixam aos valores individuais e da equipe. Esse mapa também possibilita a catalisação de diálogos sobre como os comportamentos que se baseiam nesses valores estão ajudando ou prejudicando a produtividade e o negócio no momento. Como parte desse mapa as pessoas, com frequência, perguntam à equipe: "O que precisa ser mudado para conseguirmos apresentar o desempenho que sonhamos?".

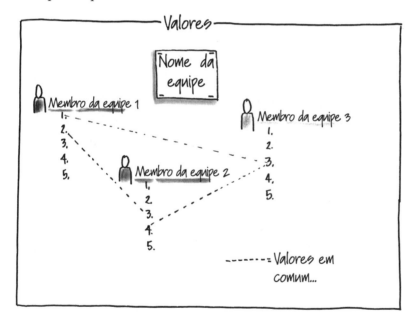

Mapa de varredura ambiental. Defendo a ideia de se utilizar o modelo tradicional de negócios com figuras para que seja possível realmente visualizar que tipo de impacto as influências externas (sociais, políticas, ambientais, econômicas, tecnológicas e de concorrência) estão exercendo sobre a pessoa, a equipe

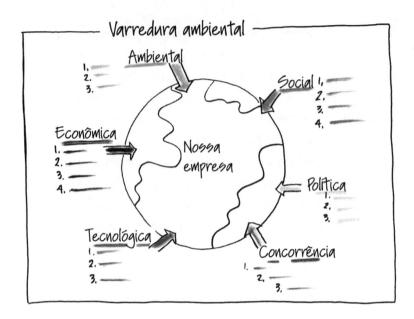

e o negócio. Feito de modo visual, esse exercício oferece novos *insights*, novas conexões entre as forças externas e, ainda, informações a respeito da concorrência que não foram percebidas anteriormente. Como discutido, seja corajoso em relação às questões que levanta durante esse processo, pois elas lhe trarão dados adicionais acerca da empresa e da concorrência, que vão além das informações superficiais obtidas até então.

Mapa de análise de campo de forças. Esse conceito simples é uma forma poderosa de evidenciar que mudanças comportamentais e ações serão necessárias para impulsionar o sucesso. Três questões simples são levantadas: 1ª) "Que elementos já estão nos ajudando a impulsionar a empresa rumo ao(s) nosso(s) objetivo(s) e sucesso?"; 2ª) "Que elementos parecem estar nos segurando e nos impedindo de alcançar nosso(s) objetivo(s)?"; e 3ª) "O que faremos para nos concentrar mais no que está colaborando para o nosso sucesso e menos no que está nos segurando?".

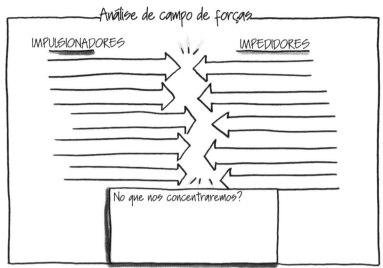

Fonte: retirada da análise de campo de forças, de Kurt Lewin.

Mapa de análise de FFOA (Forças, Fraquezas, Oportunidades e Ameaças). Essa é outra abordagem relevante e padrão de estratégia de negócios. Quando essa análise é realizada em quadros, surgem metáforas bastante interessantes que ajudam os membros da equipe a ver as mesmas coisas (em espe-

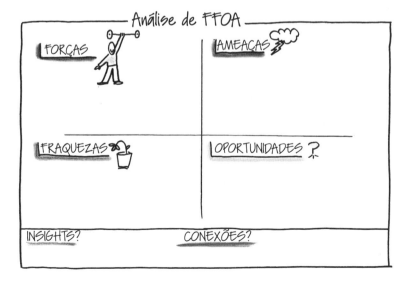

cial, pontos fortes e oportunidades de negócio). As imagens também permitem que todos visualizem as pressões do ambiente externo (ameaças e oportunidades) prováveis de influenciar o desempenho atual e vejam que tipo de desempenho será necessário no futuro.

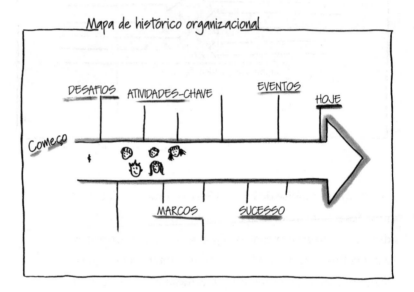

Mapa de histórico organizacional. "A história é como um contêiner. (...) É como um poço do qual se retiram informações para se compreender a realidade. Ela nos oferece perspectivas a respeito do que aconteceu no passado e nos mostra os princípios e os padrões de como as coisas podem evoluir. (...) Essa fase é uma busca arqueológica", explica Ulric Rudebeck, em seu livro *Strategic Vision Work* (*Trabalho com Visão Estratégica*). A história de um negócio é diversificada, repleta de mitos, controvérsias, verdades, histórias e informações valiosas acerca de complexidades e padrões. O uso de um mapa completo da história da empresa é capaz de revelar diferentes padrões, crenças e valores que envolvem a organização. De maneira típica, mapas históricos refletem as dinâmicas intelectuais, políticas, sociais e de mercado dentro da companhia e conseguem explicar de que modo se estabeleceu a situação atual. Com frequência, essa imagem de alto impacto fornece um nível de clareza acerca do que a organização necessita para se mover em outra direção e começar a construir novos padrões.

À medida que as organizações, os líderes e seu pessoal se movem ao longo da sequência contínua de clareza-complexidade, as figuras tornam o processo mais produtivo e relevante para a empresa. Com bastante frequência, essa sequência é confundida com **"atributos e competências"** nos negócios. Sim, eles recebem esses nomes porque dizem respeito às pessoas e ao modo como elas trabalham. E esses são os mesmos comportamentos e as mesmas atitudes capazes de sabotar um novo produto ou impedir que ações sejam implementadas. Quando imagens são usadas para ajudar a lançar luz sobre algumas interpretações equivocadas, os membros da equipe podem se envolver e começar a vislumbrar maior entendimento. Nesse instante, eles passam a enxergar as possibilidades que surgem dessa compreensão e desse foco.

O objetivo de uma figura, que se aplica a qualquer ponto dessa sequência, é dar significado e linguagem a elementos que funcionam como obstáculos para um desempenho brilhante. As imagens, num contexto estratégico, oferecem às pessoas a oportunidade de escolha entre o que manter e o que deixar para trás conforme abraçam uma nova história, novos padrões e novos negócios. As figuras permitem que todos conversem acerca das alternativas, da direção e de seu papel no futuro. Ao se preparar para um trabalho estratégico usando elementos visuais, Ulric Rudebeck diz o seguinte: "Todas as figuras captam, reúnem e transmitem ideias, experiências, sentimentos e pensamentos entre as pessoas. Também é a forma pela qual você consegue guardar ideias e relacionamentos complexos a fim de resgatá-los mais tarde. (...) É por meio das figuras (...) que a mente das pessoas se abre para novas maneiras de pensar. Elas ousam refletir a respeito do que seria impensável e inventam um futuro alternativo."

Conforme reunimos essas duas sequências, onde vemos os negócios investirem a maior parte do seu tempo? Acredito que as pessoas considerem que a maior parte do nosso tempo seja investida no quadrante que envolve **clareza** e **execução**. Porém, na realidade, a maioria das empresas – grandes ou pequenas, e de qualquer setor – investe grande percentual de seu tempo no espaço entre **complexidade** e **estratégia**. Precisamos saber aonde devemos ir e por que estamos indo para lá. Caminharemos para tal direção quando existir clareza em relação a propósito e

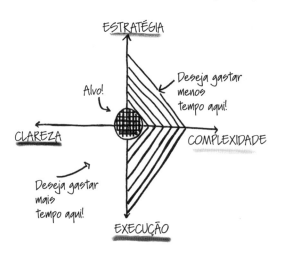

rumo. Então, à medida que ganhamos clareza e nos movemos em direção à execução, a confiança aumenta e o alinhamento se estabelece. E quando isso acontece o negócio rapidamente se move rumo à execução da estratégia.

O que acontece quando as duas sequências se intersectam? Onde elas se cruzam? Em termos visuais, você alcança o alvo – o tiro é certeiro! Imagens que norteiam, sustentam e contêm a estratégia e o planejamento enquanto capturam a complexidade, criam o que é chamado de **convergência condicional** – um ponto de virada que impulsiona as mudanças. Isso acontece quando uma equipe que está trabalhando profundamente num processo de planejamento se move em direção diferente. A interseção dessas duas sequências ocorre no ponto e no momento em que se dá essa alteração. Mas como sabemos que houve uma mudança?

Lois Todd, sócia-sênior da Alchemy e mestre praticante de Programação Neurolinguística (PNL), identifica essa mudança no momento em que a linguagem na sala muda do "eu" ou "meu" para o "nós e "nossos". De acordo com Lois Todd: "Isso acontece quando as pessoas no ambiente encontram a metáfora correta para descrever as novas maneiras como desejam trabalhar juntas e a nova direção em que desejam seguir.

Quando isso ocorre, o que as pessoas falam é diferente daquilo que elas diziam até então. Alguém na equipe sugere uma metáfora que reverbera por todo o grupo, e o ambiente explode. As pessoas conversam de modo entusiasmado a respeito do que veem e do modo como aquilo funcionará na organização – não para o indivíduo. As pessoas falam facilmente quanto ao que 'nós' vamos fazer e por quê. Existe uma alegria e uma facilidade que comunicam ideias, compromisso e ação. É como mágica."

A razão fundamental para se desenhar uma estratégia de negócios é se aproximar ao máximo de uma execução contínua com clareza, foco, direção e sucesso. Ferramentas e práticas que oferecem nível de clareza e foco são usualmente abraçadas pelas lideranças (até mesmo pelos mais céticos). Processos e instrumentos que fortalecem sistemas e estruturas para sustentar a execução e a entrega de resultados são ambicionados até mesmo pelas empresas mais conservadoras. Quem não gosta de registrar um crescimento de dois dígitos ano após ano? A mudança aqui descrita pode ser dolorosa, complicada e difícil, tendo em vista que ela quebra velhos padrões da companhia. Porém, ela se torna mais fácil conforme as pessoas praticam novas maneiras de trabalhar com a estratégia e a execução. Um autêntico ponto de virada que representa transformação duradoura resulta de trabalho duro, do compromisso das lideranças, de se ouvir atentamente aos múltiplos e diversos *stakeholders* e, também, da coragem de mudar. As figuras oferecem um contêiner para tudo isso, bom ou ruim. Elas ajudam os membros da equipe que estão empacados, e também os demais, a perceber que o futuro parece diferente. Imagens e metáforas também identificam o que precisa mudar e desenvolvem uma nova linguagem onde o trabalho e as mudanças se fundem.

O QUE DEVO DESENHAR?

Os modelos descritos anteriormente são apenas o começo do processo de desenhar sua estratégia de negócios. Eles oferecem uma forma organizada de pensar sobre como usar as figuras que fazem sentido para o seu empreendimento. Embora não exista desenho "certo" ou "errado", você pode relaxar e saber de antemão que muitos profissionais em todo o planeta já usaram todos eles com seus clientes. A chave para se encontrar o modelo correto é a **experimentação**. Tente modificar e alterar esses e outros modelos para fazê-los funcionar. Não tenha medo de abandonar uma ideia visual ou imagem que adora, porque talvez ela simplesmente não funcione com sua equipe ou seu negócio. Você aperfeiçoará sua compreensão do que desenhar conforme praticar e se arriscar com diferentes ícones e modelos. O ato de experimentar e "tentar" vão ajudá-lo a encontrar o que funciona melhor para você.

Em aulas de ilustração estratégica, encorajo as pessoas a explorarem o uso de elementos disponíveis e que poderão ajudá-las a se familiarizar e a sentir-se confortáveis com o uso da linguagem visual no trabalho. A cópia funciona melhor. Gibis, *visual novels* (um gênero de *videogames*) e desenhos animados são ótimos elementos para se começar. Também existem empresas especializadas em ajudar pessoas que querem usar imagens e figuras para criar sua estratégia de negócios. A Grove Consultants International (www.grove.com), sediada em São Francisco, no Estado da Califórnia, possui uma grande variedade de modelos que podem ser adquiridos *on-line* ou enviados pelo correio diretamente para você em múltiplos formatos (grande escala, pequena escala ou *flipchart*). A Grove possui vários parceiros na Europa, portanto, se este parecer um bom lugar para começar, visite o *website* da empresa. Outro lugar para encontrar ótimas ideias de coisas que poderiam funcionar com a sua equipe é a Neuland (www.neuland.com), que possui distribuidores na Europa, no Canadá e nos EUA. Seus livros de ícones visuais, pôsteres e recursos de moderação oferecem sustentação a praticamente qualquer pro-

cesso que queira desenhar ou executar. Sua imaginação é seu único limite. Outras referências e outros recursos e guias podem ser encontrados no Apêndice A deste livro.

Além dos modelos descritos aqui para colocar sua estratégia no papel, outras coisas simples podem ser desenhadas.

Ícones. São pequenos símbolos que servem de âncora visual para conceitos-chave e que são usados repetidas vezes nos negócios. Defina seus **"10 ícones mais importantes"** e sempre os tenha prontos na manga para usá-los em seus desenhos. Uma das integrantes da Alchemy que participou de minhas aulas teve o cuidado de fotografar seus 10 ícones principais e salvá-los em seu *smartphone*. Assegure-se de incluí-los em um caderno de rascunho para fazer anotações e de usá-los em um *flipchart*, uma lousa ou em uma grande folha de papel. Depois de verem essas imagens mais de três vezes, sua equipe e seus funcionários começarão a organizar visualmente as próprias pautas, discussões e ações em relação a esses ícones. Outro profissional que participou de minha aula compartilhou o seguinte: "Lâmpadas agora significam ideias, setas são ações e balões representam discussões. Essas imagens aparecem em

---

UMA NOTA SOBRE ESCRITA À MÃO

As pessoas dizem o tempo todo: "Minha letra é terrível." Em primeiro lugar, vá com calma. Sua letra vai melhorar com o tempo. Em segundo lugar, não tente escrever e olhar para a plateia ao mesmo tempo. As pessoas não conseguem escrever de modo inteligível enquanto se concentram no público – as letras ficam tortas e confusas. Esse não é o quadro com o qual você deseja que as pessoas convivam. As pessoas são pacientes e olharão para as suas costas enquanto você torna suas palavras claras e legíveis. Talvez elas fiquem ansiosas em relação ao que está escrevendo, mas você certamente poderá fazê-lo parecer bonito.

nossa pauta todas as semanas, no lugar de números e letras. Todos sabem o que eles significam."

Palavras. Palavras são como figuras; é possível desenhar a palavra "maçã" no formato da fruta ou escrever a palavra num estilo que transmita emoção ou ênfase. Você também pode combinar palavras e ícones, e isso contribuirá para reforçar o significado de ambos. Como adultos, primeiramente processamos as palavras e só então exploramos nosso repertório visual. As palavras representam um meio de ancorar conceitos-chave às nossas figuras e trazem maior significado ao quadro geral. Você não precisa escrever frases completas. Apenas se concentre em conjuntos de uma a três palavras para resumir o que está sendo dito. Combinado às imagens, esse sumário vai ajudar as pessoas a se lembrar do que está sendo dito, do porquê e até de como foi falado.

Pessoas. Você está ficando enlouquecido? Relaxe. É difícil desenhar pessoas, mas felizmente não precisamos desenhá-las em detalhes. Bonequinhos de palito e balõezinhos já são suficientes. "Você só consegue desenhar bonequinhos de palitos? Não se preocupe. Quanto mais sofisticados, mais os desenhos dispersam a atenção das pessoas. Com traços simples a plateia também se sente capaz de desenhar", comentam Krogerus e Tschäppeler em seu livro *The Decision Book* (*O Livro da Decisão*). Você precisa desenhar pessoas. Não há negociação aqui. **Por quê?** Porque trabalhamos com pessoas, não com ícones. É com pessoas e organizações que estamos tentando nos comunicar, nos engajar e inspirar. As pessoas precisam se ver como parte do quadro, e, acredite em mim, elas compreenderão. Você entendeu ao olhar as figuras aqui desenhadas, certo?

Molduras. Colocar uma moldura ao redor de algo o delimita. Quando olhamos para algo enquadrado, nosso cérebro se concentra no que está delimitado ali em comparação a tudo que está ao redor. Nós nos acalmamos e refletimos. O que está emoldurado parece organizado. Pense em qualquer pintura, desenho ou fotografia em sua casa e em como eles lhe pareciam antes de serem enquadrados. Como estão agora? Quando enquadrada, uma figura parece **finalizada** e **apresentável**.

O emolduramento também cria uma separação física entre você e o que estiver no quadro. É possível apontar para o elemento, fazer referência a ele e convidar outras pessoas a trabalharem com aquela moldura, mas você sempre estará separado do conteúdo. Isso pode ser útil quando equipes discordam a respeito do rumo a ser tomado, do foco e/ou dos detalhes, e você precisa facilitar um diálogo que deve necessariamente levar a um consenso e, por fim, à ação.

Cor. Essa é uma das maneiras mais fáceis e ideais para se organizar informações e demonstrar suas novas habilidades no desenho. Alternar cores em um *flipchart* é uma ótima maneira de começar. Mais uma vez, isso traz alguma estrutura para o modo como as coisas são listadas no papel. As cores separam as coisas para quem vê; elas ajudam as pessoas a se lembrarem dos detalhes. Coloque uma moldura ao redor e, *voilá*! Você tem um quadro que estabelece o tom do que vai acontecer durante a reunião. Você agora está no caminho para desenhar sua estratégia.

Cores escuras são mais fáceis de ler, então, utilize-as para as palavras. Cores mais claras são ótimas para ressaltar informações e podem ser usadas para capturar a ênfase emocional. Se as pessoas estão realmente entusiasmadas acerca de um ponto específico, você poderá sublinhá-lo com vermelho. Se elas têm um conjunto de ideias que gostariam de testar, você poderá destacá-las usando linhas de expressão – em amarelo.

Se combinar esses elementos (ícones, palavras, pessoas, molduras e cores) com qualquer modelo ou ideia que tiver para uma estrutura visual, você logo estará desenhando sua própria estratégia de negócios.

Será que posso desenhar a imagem "errada"?

Não, se você estiver engajado no diálogo e escutando claramente o que as pessoas estão lhe dizendo. Como mencionado anteriormente, ouvir é uma habilidade do século XXI que todos precisamos desenvolver. O ato de ouvir bem vai guiar sua mão quando desenhar. Se você tiver sua própria imagem na cabeça antes do diálogo começar, e estiver determinado a desenhá-la exatamente como a imaginou, há grande chance de que não esteja ouvindo. Nesse caso, você se arriscará a criar uma figura que é somente **sua**, e que não permitirá que você alcance os benefícios de uma imagem criada em um contexto coletivo.

Você pode usar sua imagem para iniciar um diálogo? Sem dúvida. Isso demonstra coragem. Mas você precisa se lembrar de que em um ambiente de grupo, é provável que sua figura mude, e isso deverá acontecer! É assim que estratégias maravilhosas e sustentáveis são desenvolvidas.

E se eu quiser que outra pessoa desenhe?

Na história de Sean, Daniel desempenhou um papel vital ao colaborar com John e sua equipe sênior. Ele os ajudou a criar os processos adequados e as figuras corretas que repercutiram para as equipe e se revelaram exatamente o que a divisão precisava. Se você é um *stakeholder*, ou se deseja ou precisa fazer parte do diálogo como integrante do processo, então eu o encorajo a encontrar alguém externo à empresa que não seja um interessado direto do negócio; alguém que possa ouvir claramente e se manter neutro para desenhar para e com você. Pode ser um ilustrador estratégico, um *designer* gráfico ou um artista em sua área de atuação. O Apêndice A deste livro lista alguns lugares onde você pode encontrar esses profissionais.

Talvez você possa chamar alguém que já faça parte da empresa, mas que trabalhe em outro setor. Conheci uma grande empresa do Oriente Médio que tinha um funcionário que era um excelente artista, ilustrador estratégico e *designer* gráfico para a companhia. A empresa usava regularmente seus talentos para criar os modelos certos e as figuras que retratassem sua estratégia de negócios (em árabe). Indivíduos que entendem de linguagem visual são como guias turísticos em um país estrangeiro. Eles são bons ouvintes e aliados leais em seus esforços, representando, portanto, um recurso confiável para a companhia. Eles tornam a "aventura estratégica" excitante, divertida, energizante e bonita. Você tem segurança de que o processo funcionará porque eles sabem o que estão fazendo. Sem dúvida essa sensação é bem melhor do que a que teria se ficasse perdido em um bairro estranho num país estrangeiro.

O OBJETO EVOCATIVO

Refletir sobre quando desenhar e o que desenhar também significa pensar de maneira estratégica a respeito do modo como as imagens e figuras poderão ser usadas e também sobre a razão para utilizá-las. Nesse sentido, tenho mais um pensamento a oferecer. As figuras que você desenha em conjunto com outras pessoas dizem muito sobre: 1ª) a empresa e o desempenho dela; 2ª) seus funcionários e o talento desses indivíduos; e 3ª) as lideranças da organização e os rumos tomados.

Sem querer parecer demasiadamente "sentimental", essas figuras contêm o coração, a alma, os sonhos, as lutas e as aspirações de um grupo de pessoas responsáveis por fazer algo com e para a empresa. Sean e sua equipe enfrentaram a dor de separar as peças de sua divisão, retratá-las visualmente e, então, usar essas partes para compreender como eles poderiam sair da situação em que se encontravam. Isso são negócios, e nós investimos muito no trabalho que realizamos todos os dias. Quando o desenho da estratégia é realizado com integridade e autenticidade, ele se revela um processo emocional. Conforme você mantém o processo e confia em sua intuição, apoiado por sua imaginação, as figuras reforçam as relações e constroem novas formas de confiança que representam inestimáveis blocos de construção para o desempenho. Suas imagens oferecem luz sobre o futuro e mostram a direção em que a organização está seguindo. As pessoas literalmente se tornam parte do mapa, das imagens e da própria direção ali retratada.

"Quando você está se movendo rumo às mudanças e transformações direcionadas por suas ideias, os mapas se tornam habitados não apenas pelas pessoas, pelas sugestões e pela energia daqueles que os criaram, mas também por todos que adentraram a história posteriormente. Eles se tornam documentos vivos e perenes. As pessoas veem o que criaram; as figuras validam isso para nós e, de algum modo, tornam as mudanças mais fáceis de enfrentar", afirmou Elizabeth Groginsky acerca das figuras que ela mesma usou para criar coligações, definir novos negócios e mobilizar pessoas a trabalharem juntas.

Se as imagens criam certo nível de facilitação durante as mudanças de rumo em uma empresa, então não é absurdo assumir que esses mapas ganhem vida própria. Eles são repletos de emoção, orgulho e conexão. Também não é incomum que as pessoas se liguem a objetos que representem uma realização, um feito ou um momento importante em suas vidas. Mapas em grande escala não são exceção; as pessoas que se ligam a eles não são apenas indivíduos, mas equipes, divisões e até empresas inteiras.

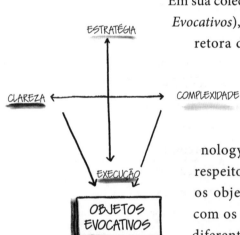

Em sua coleção de ensaios, *Evocative Objects* (*Objetos Evocativos*), Sherry Turkle, acadêmica do MIT e diretora da Iniciativa MIT sobre Tecnologia e o Indivíduo (MIT Initiative on Technology and Self), do Programa em Ciência, Tecnologia e Sociedade (Program in Science, Technology, and Society), discorre diretamente a respeito do poder dos objetos: "Pensamos com os objetos que amamos; amamos os objetos com os quais pensamos". Ela prossegue: "Com diferentes metáforas, cada qual descreve uma relação dinâmica entre coisas e pensamentos. Amarramos um nó e descobrimos a nós mesmos em parceria com a sequência em nossa exploração do espaço. Objetos são capazes de catalisar a autocriação." Por meio de pesquisas e estudos, em nossa relação com as coisas, Turkle considera impossível separar pensamentos e sentimentos – objetos físicos adquirem um significado que vai além de sua presença física. Nas figuras que criamos juntos para nossa empresa, estão impressos nossos pensamentos e sentimentos, nossas emoções e ideias, sempre na forma de metáforas.

Assumindo que esses objetos – essas figuras – evoquem coisas que nos sejam importantes e preciosas, então, as vulnerabilidades, as forças, as aspirações e os medos dos funcionários e da própria empresa serão representados nos mapas por eles criados. As imagens, as palavras e o resultado são íntimos e cruciais tanto para os indivíduos quanto para o negócio como um todo. As figuras também amarram as pessoas umas às outras em seu trabalho – à sua **estratégia** e à sua **execução**. Não surpreende o fato de que num ambiente empresarial as figuras estratégicas se tornem evidências de sucesso; elas são objetos tangíveis dos quais é possível se orgulhar, além de coisas para se compartilhar com outros, pois são objetos que representam uma história individual e coletiva.

Como a maioria dos objetos valorizados pelo indivíduo, essas figuras se movem quando as pessoas se movimentam – elas viajam. Desenhar uma estratégia de negócios é um modo de levá-la consigo – juntamente com a experiência de criá-la – aonde quer que vá. Adoro imagens e estratégias de negócio que viajam. O que quero dizer com viajar? Pense em construções icônicas que transcenderam seu significado original e passaram a representar outras coisas. Pense, por exemplo, na torre Eiffel de Paris. Não importa se você nunca esteve na **"cidade luz"**. Ela pode ser descrita ou existem imagens do monumento. É fácil desenhá-la (pense em um triângulo com um pequeno círculo no topo). Quando mostro às pessoas uma imagem da torre Eiffel, ela imediatamente suscita várias coisas – uma viagem, um feito de engenharia, romance, um país estrangeiro, um lugar na França, uma experiência. **Outro exemplo?** Considere um semáforo. Independentemente de onde você

estiver no mundo, vermelho significa "pare" e verde "siga". Metaforicamente, podemos usar o semáforo na empresa para nos referir a muitas coisas: se um projeto é aprovado ele ganhou "luz verde"; se existe um risco no horizonte, procedemos com cautela – **"amarelo"**.

A criação de uma estratégia de negócios em imagens é uma **experiência** dificilmente esquecida. Quando digo às pessoas o que faço em meu trabalho, e elas já vivenciaram um processo de planejamento envolvendo figuras, imediatamente dizem: "Sim, eu fiz isso. É fantástico. Ainda me lembro de algumas imagens." Então elas passam a compartilhar o contexto, parte do conteúdo e o que elas se lembram do processo. Os detalhes em suas lembranças me deixam abismada. A experiência ainda vive na mente delas.

O ponto é que o conteúdo, as imagens e as metáforas são relevantes, envolventes e são inspiradas numa estratégia empresarial ponderada e no compromisso das pessoas. As figuras e imagens são como histórias memoráveis que desejamos recontar o tempo todo – elas são contagiosas. Como fotografias e vídeos na Internet, essas imagens se tornam virais. Essas figuras comerciais transcendem o aqui e agora e engajam indivíduos dentro da empresa em diálogos e discussões que vão além de sua intenção ou do seu propósito originais. Quando trabalho em grandes empresas multinacionais, é um grande cumprimento para mim e para toda a equipe de trabalho quando alguém de outra parte da companhia diz: "Sim, eu vi o que vocês criaram. Isso faz pleno sentido."

Nossas empresas estão repletas de **objetos evocativos**. Alguns deles ainda são relevantes; outros guardam lugar para uma história ou uma memória de algo que tenha ocorrido e sido importante para a empresa no passado. À medida que usamos mais figuras em nossa empresa para construir, formar e comunicar nossas estratégias, ganhamos a habilidade e as ferramentas para engajar, inspirar e conectar mais pessoas do que qualquer sistema de videoconferência ou rede Intranet seria capaz. Isso é um fato – se pudermos vê-lo, acreditaremos. E se acreditarmos, o futuro que criarmos já representará quem somos. Como um indivíduo, uma equipe ou o próprio negócio, as figuras que criamos se transformam em uma maneira de trabalhar e viver. Os mapas que desenhamos se tornam o **"aqui"** e o **"agora"**. **Armados com o quadro completo, somos capazes de responder, reagir, criar e prosperar!**

CAPÍTULO 7

O **sol do outono estava brilhando** e eu sentia o calor sobre os ombros. À distância, podia ouvir o som agradável de uma fonte borbulhante e das crianças brincando depois da escola. Meus olhos estavam fechados; eu aproveitava a paz, a tranquilidade e a satisfação que sentia depois de um dia duro de trabalho. Eu havia acabado de participar de um encontro com 200 líderes empresariais vindos de toda a França. Aquele foi um dos momentos mais interessantes e recompensadores de toda a minha vida profissional – um ponto alto em minha carreira. Meus colegas, tanto os falantes do inglês quando do francês, tinham realizado uma maravilhosa conferência sobre **inovação**. Eles convidaram líderes de toda a Europa para compartilhar teorias interessantes e histórias de sucesso relacionadas ao tema. E, para ajudar os participantes a planejar seus próprios processos de inovação em suas companhias, as apresentações foram intercaladas com diálogos do World Café. Minha tarefa foi ajudar no *design* da conferência e realizar as ilustrações estratégicas das apresentações e conversações, junto a um colega francês.

Embora o conteúdo da conferência tenha sido único, nem o formato nem a localização do evento o tornaram memorável para mim. O ponto alto em termos profissionais foi a realização de um sonho antigo: trabalhar em Paris, falar francês (mais ou menos) com pessoas do mundo empresarial e sobreviver! Na verdade eu não somente sobrevivi, mas **prosperei**. Foi um daqueles momentos pessoais em que absolutamente tudo transcorre com facilidade e tranquilidade na direção certa. Eu estava **100% presente** e sentia uma paixão revigorante por aquele trabalho. Estávamos em outubro de 2008.

De repente, meu celular tocou e quando atendi era um amigo próximo e colega profissional querendo saber como fora a conferência. Conforme conversamos e eu compartilhei minha satisfação e meus sentimentos de realização, ele me parabenizou. Então, ele me perguntou se eu havia "escutado as notícias." Arrancada de minha celebração e ainda assombrada pelo que ocorrera no "11 de setembro", perguntei de maneira cautelosa: **"Que notícias?"**

"Certo," ele respondeu, "você esteve ocupada o dia todo. Não fique tão satisfeita com seu sucesso recente. Os bancos estão quebrando e a economia global está a caminho de uma grande recessão. Algo como não se vê desde a Grande Depressão." Então ele prosseguiu com os detalhes a respeito de alguns bancos da Inglaterra, da Irlanda e dos EUA que iriam fechar e explicou como o mundo todo poderia ser afetado por aquilo. Porém, conforme ele falava minha mente se distraiu com bons pensamentos, a ponto de eu sequer me recordar do resto da conversa.

Depois que encerramos a ligação eu continuei sentada no parque observando as pessoas que passavam, conversavam e se divertiam naquele dia de outono. Enquanto o mundo rumava para uma crise financeira global, todos ali continuavam suas vidas, fazendo o que precisavam fazer. Quando refleti acerca da minha reação inicial às "notícias", lembro de ter me sentido um pouco assustada, mas esse sentimento não durou muito. Logo tive uma sensação de alívio por ter conseguido realizar um sonho. Era algo que sempre quis, mas que nunca considerei ser possível. Lembro-me de, na ocasião, ter apanhado um caderno que trazia na bolsa e escrito a seguinte frase: **"Melhor é impossível!"** Essa folha de papel, já um tanto amassada e desgastada, está sempre comigo. Ela me faz lembrar das coisas pelas quais sinto verdadeira paixão, e de quão sortuda eu sou.

Associar meu amor pela estratégia de negócios a figuras, imagens e metáforas promoveu uma profunda mudança em minha vida. Isso afetou o trabalho que realizo, o modo como o faço, a decisão de com quem eu trabalho e, ainda, o que eu desenvolvo com meus clientes, colegas e amigos. Hoje já não consigo sequer imaginar um passado dominado por longas apresentações de *slides* e gigantescas pastas de arquivo – aqueles dias ficaram no passado. Munida de caneta e papel, e de ferramentas e métodos que visivelmente fazem a diferença para pessoas e negócios, sinto-me mais entusiasmada e desafiada do que nunca a seguir adiante.

Ao longo dos últimos anos, tenho observado o que acontece com as pessoas logo que elas começam a usar imagens em seus negócios, com suas equipes e seus clientes. Tenho visto as reações quando alguns dos céticos mais inteligentes, talentosos e proficientes do mundo pegam uma caneta e se colocam de pé diante de uma folha em branco em uma das aulas de ilustração estratégica. Há um sentimento inicial de felicidade: "É como ser criança." Então, eles têm dificuldade em desenhar alguma coisa e ficam frustrados. Conforme as peças de linguagem visual se empilham, essas mesmas pessoas se tornam incrédulas e perguntam: "Como você pode esperar que alguém faça isso no trabalho? Onde estão as provas de que isso funciona? Onde estão as pesquisas?" No segundo dia, porém, esses indivíduos já se acalmaram e, embora ainda se revelem céticos, aquela ansiedade inicial desapareceu. Então, agora, mais crentes que céticas, essas pessoas saem do curso com seus 10 ícones principais, um bloco de desenhos, uma caneta marcador e a cabeça cheia de ideias e cores.

Com coragem, ansiedade, compromisso e boa vontade, elas realizam seu primeiro desenho com sua equipe ou seu cliente e as possibilidades começam a se revelar. "Eles gostaram! Eles realmente gostaram. Aquilo fez sentido e as pessoas acenaram positivamente com a cabeça – elas compreenderam a ideia!" Assim como na jornada descrita neste livro, as pessoas desenham um resultado ("Eu consigo desenhar"), capturam a complexidade ("Eu não consigo desenhar; o que eu estava pensando? Como posso fazer isso?") e criam possibilidades ("Olhe! Eu consigo fazê-lo. Vou praticar, e tudo ficará mais fácil. Eu vou melhorar!").

O que está esperando? Você também pode viver um sonho – um sonho que pode criar com uma caneta e um papel, com figuras e imagens. Tente! Eu mantenho o que disse desde o início.

APÊNDICE A

Aqui você encontrará vários recursos interessantes, relevantes e inspiradores que poderão ser copiados e usados por todos. Trata-se de uma pequena lista de livros que oferecemos às pessoas que participam dos cursos de ilustração estratégica ministrados nos EUA e na Europa. Neles você poderá encontrar muitos estilos e várias ideias e maneiras para capturar estratégias de negócios.

Recursos adicionais e informações básicas para inspirar

Lee LeFever, *The Art of Explanation: Making Your Ideas, Products, and Services Easier to Understand* (A Arte da Explanação: Transformando Suas Ideias, Seus Produtos e Serviços em Coisas de Fácil Entendimento).

Alexander Osterwalder e Yves Pigneur, *Business Model Generation* (*Inovação em Modelos de Negócios*) – Alta Books, 2011.

Tim Clark, com Alexander Osterwalder e Yves Pigneur, *Business Model You* (*O Modelo de Negócios Pessoal*) – Alta Books, 2013.

Larry Gonick, *The Cartoon Guide to (Non) Communication: The Use and Misuse of Information in the Modern World* [Guia Ilustrado Para a (Não) Comunicação: Uso Correto e Inapropriado da Informação no Mundo Moderno].

Mischa Richter e Harald Bakken, *The Cartoonist's Muse: A Guide to Generating and Developing Creative Ideas* (*A Musa do Cartunista: Um Guia para Gerar e Desenvolver Ideias Criativas*).

Robin Hall, *The Cartoonist's Workbook* (*O Caderno de Exercícios do Cartunista*).

Susanne F. Fincher, *Creating Mandalas* (*Criando Mandalas*).

J. E. Cirlot, *Dicionário de Símbolos*. Centauro, 2005.

Anna Milbourne, *Drawing Cartoons* (*Desenhando Cartuns*) (interligado à Internet)

Quentin Blake e John Cassidy, *Desenho para Descobrir o Artista Interior* – Catapulta, 2011.

Patti Dobrowolski, *Drawing Solutions: How Visual Goal Setting Will Change Your Life* (*Soluções em Desenho: Como o Estabelecimento Visual de Objetivos Mudará sua Vida*).

Joan Brown e Mary F. Claggett, *Drawing Your Own Conclusions:Graphic Strategies for Reading, Writing and Thinking* [*Tirando (Desenhando) Suas Próprias Conclusões: Estratégias Gráficas Para Ler, Escrever e Pensar*].

Christopher Hart, *Everything You Ever Wanted to Know About Cartooning, but Were Afraid to Draw* (*Tudo o Que Você Sempre Quis Saber Sobre Cartuns, Mas Tinha Medo de Desenhar*).

Richard C. Brandt, *Flip Charts: How to Draw Them and How to Use Them* (*Flipcharts: Como Desenhá-los e Usá-los*).

Brandy Agerbeck, *The Graphic Facilitator's Guide* (*Guia do Facilitador Gráfico*).

Jan V. White, *Graphic Idea Notebook* (*Caderno de Ideias Gráficas*).

Will Eisner, *Narrativas Gráficas: Princípios e Práticas da Lenda dos Quadrinhos* (Devir, 2008).

Fredrik Härén, *The Idea Book* (*O Livro de Ideias*).

Charles Hampden-Turner, *Maps of the Mind: Charts and Concepts of the Mind and Its Labyrinths* (*Mapas da Mente: Gráficos e Conceitos da Mente e dos Seus Labirintos*).

Garr Reynolds, *Apresentação Zen: Ideias Simples de Como Criar e Executar Apresentações Vencedoras* – Alta Books, 2010.

Kurt Hanks e Larry Belliston, *Rapid Viz: A New Method for the Rapid Visualization of Ideas* (*Vis Rápida: Um Novo Método para Visualização Rápida de Ideias*).

Larry Raymond, *Reinventing Communication: A Guide to Using Visual Language for Planning, Problem Solving, and Reengineering* (*Reinventando a Comunicação: Um Guia para Usar Linguagem Visual para o Planejamento, a Solução de Problemas e a Reengenharia*).

Mike Rhode, *The Sketchnote Handbook: The Illustrated Guide to Visual Notetaking* (*Manual de Desenho: Guia Ilustrado de Anotações Visuais*).

Nancy Duarte, *Slide:ology: A Arte e a Ciência para Criar Apresentações que Funcionam* –Universo dos Livros, 2010 (Acessar www.bnet.com/Duarte).

Robert H. McKim, *Thinking Visually: A Strategy Manual for Problem Solving* (*Pensando Visualmente: Um Manual de Estratégia para a Solução de Problemas*).

Scott McCloud, *Desvendando os Quadrinhos: História, Criação, Desenho, Animação e Roteiro* – M. Books, 2004.

David Sibbet, *Reuniões Visuais: Como Gráficos, Lembretes, Autoadesivos e Mapeamento de Ideias Podem Transformar a Produtividade de um Grupo* – Alta Books, 2013.

David McCandless, *The Visual Miscellaneum* (*Antologia Visual*).

Edward de Bono, *Wordpower: An Illustrated Dictionary of Vital Words* (*O Poder da Palavra: Dicionário Ilustrado de Palavras Vitais*)

Jean Westcott e Jennifer Hammond Landau, *A Workbook for Visual Communication—A Picture's Worth a Thousand Words* (Caderno de Comunicação Visual – Uma Imagem Vale Mil Palavras).

Animação ao vivo, vídeos RSA e animação estratégica

Todo o mundo visual explodiu com o uso do vídeo para "digitalizar" ou animar discursos desenhados e sessões informativas. Graças à Cognitive Media (www.cognitivemedia.co.uk), no Reino Unido, e à sua parceria com a Royal Society of the Arts (RSA Animate, www.thesa.org/events/rsaanimate), podemos nos sentar por horas e simplesmente assistir enquanto palestrantes desenham seus discursos. Como prática, encorajo todos a ouvir essas palestras, a desenhar seu conteúdo e, então, a ver como os ilustradores da Cognitive Media o fizeram. Aposto que seus desenhos não serão tão diferentes daqueles encontrados *on-line*.

Há uma grande variedade de animações em vídeos no YouTube que estão sendo utilizadas por companhias e organizações. De posse de um *tablet* (*iPad*) e na companhia de amigos, ligar-se a algumas dessas empresas poderá lhes proporcionar horas de divertimento e aprendizado. De fato, essa tecnologia está mudando tão rapidamente que esse tipo de vídeo logo se tornará viável financeiramente e, inclusive, a regra para a maioria dos negócios – veja, o visual está em todos os lugares!

Outros recursos sobre o cérebro

Há outra área que explodiu com informações, artigos e recursos que objetivam ajudar as pessoas a compreender o que acontece no cérebro humano. Veja a seguir algumas fontes favoritas que não foram incluídas na bibliografia.

Joe Dispenza, *Evolve Your Brain: The Science of Changing Your Mind* (*Desenvolva Seu Cérebro: A Ciência de Transformar Sua Mente*) (http://www.drjoedispenza.com/).

Joe Dispenza, *Breaking the Habit of Being Yourself* (*Quebrando o Hábito de Ser Você Mesmo*).

John Medina, *Aumente o Poder do Seu Cérebro* – Sextante, 2010.

David Rock, *Your Brain at Work* (*Seu Cérebro em Funcionamento*).

Todd Siler, *Pense Como um Gênio* – Ediouro, 1999.

Como posso encontrar pessoas que façam isso? Que ensinem e amem essa prática!!!

Veja a seguir os *links* de algumas organizações que ajudam pessoas como nós a se conectar e a compartilhar *insights*, dicas e truques. Essas empresas também mantêm uma lista de nomes de pessoas, como eu, que realizam esse tipo de trabalho ao lado de empresas espalhadas por todo o mundo, e dentro delas. Há *links* para conferências, *blogs*, animações e vídeos que nos permitirão praticar e aprofundar nossa habilidade.

The Center for Graphic Facilitation (Centro de Facilitação Gráfica)
http://graphicfacilitation.blogs.com/pages/

International Forum for Visual Practitioners (Fórum Internacional de Praticantes Visuais)

http://www.ifvp.org/http://survivalacademy.ning.com/

World Café

www.theworldcafe.com

Alchemy: The Art of Transforming Business (Alchemy: A Arte de Transformar Negócios)

www.link2alchemy.com

A Alchemy é uma empresa de consultoria estratégica apaixonada pela ideia de criar novas maneiras de pensar e impulsionar bons resultados nos negócios. Aproveitamos o melhor das estratégias de negócios e usamos figuras, imagens e metáforas para engajar líderes e seus sistemas em mudanças sustentáveis. Os processos incorporam as últimas tendências na área da ciência cognitiva e cerebral para evocar o poder e o potencial do capital humano de qualquer companhia. Fazemos isso **cocriando** uma liderança profissional inovadora e experiências culturais direcionadas aos negócios com e para os nossos clientes, o que inclui a organização de cursos de ilustração e facilitação gráfica nos EUA e na Europa. Revele o alquimista que existe dentro de você – **visualize**, **simplifique** e **priorize**. Para maiores informações, visite nosso *site* (www.link2alchemy.com), passe em nossa sede na ensolarada cidade de Denver, no Colorado ou ligue para 1-720-932-8720.

Suprimentos artísticos

Suprimentos para trabalhos artísticos são fáceis de encontrar. É possível adquirir a maioria das canetas e dos marcadores a base de água e permanentes, dos lápis, das borrachas, dos lápis de cores e também a fita para "pintores" em lojas especializadas e papelarias, inclusive *on-line*. Lojas de suprimentos nos EUA (como a Dickblick.com e a Utrechtart.com) oferecem um amplo e diversificado estoque. As empresas Grove Consultants e Newland comercializam materiais *on-line* nos EUA, no Canadá e na Europa.

Nossa sugestão para iniciantes: embora possa parecer atraente a ideia de investir muito dinheiro em suprimentos, sugiro que primeiramente desenhe sua estratégia com as canetas e cores mais simples. Veja se gosta do processo e então adquira pouco a pouco o material necessário, assim você poderá experimentar diferentes produtos. Alguns marcadores possuem pontas recortadas, outros, pontas finas. Alguns tipos permitem que você use ambas as extremidades – de um lado ponta grossa, do outro ponta fina.

INICIAIS

Página V. "As ideias mais inteligentes vêm de pessoas...", John Hunt, *The Art of the Idea* (*A Arte da Ideia*) (Brooklyn, Nova York: Powerhouse Books, 2009), p. 129.

Página V. "Nossa única saída é navegar...", Ulric Rudebeck, entrevista da autora em 12 de novembro de 2012.

INTRODUÇÃO

Página XV. "Ao longo de 2012 a revista *Fast Company*...", R. Safian, *This Is Generation Flux: Meet the Pioneers of the New (and Chaotic) Frontier of*

Business (Esse É o Fluxo de Geração: Encontre os Pioneiros da Nova (e Caótica) Fronteira dos Negócios), *Fast Company*, 9 de janeiro de 2012.

CAPÍTULO 1

Página 5. "Nossos ancestrais das cavernas eram alfabetizados na linguagem visual; a vida deles dependia de quão bem...", Harry G. Tuttle, *Better Learning and Expressing of Learning Through Visual Literacy* (*Melhor Aprendizado e Expressão do Aprendizado Por Meio da Alfabetização Visual*), 7 de setembro de 2006; acessado em 15 de setembro de 2007, da Faculdade de Educação da Universidade de Syracusa, http://eduwithtechn.wordpress.com.

Página 11. "As crianças pensam e processam cognitivamente as fotos...", P. E. Klass, R.N., *The Developing Brain and Early Learning* (*O Desenvolvimento do Cérebro e o Aprendizado Precoce*), *Archives of Disease in Childhood*, novembro de 2003; acessado em 24 de agosto de 2012, em adc.bmj.com/content/88/8/651.1full.

Página 12. "...que podem ser rapidamente conectadas à linguagem e à cultura do indivíduo", P. Liebermann, *On the Nature of Evolution of the Neural Bases of Human Language* (*Sobre a Natureza da Evolução da Base Neural da Linguagem Humana*), *Yearbook of Physical Anthropology*, 2002, pp. 36–62.

Página 12. "Os alunos de hoje são visualmente alfabetizados dentro do seu próprio mundo de 'imagens eletrônicas', que inclui TV, videogames...", Tuttle, *Better Learning* (*Melhor Aprendizado*).

Página 13. "estilo de aprendizagem – visual, sinestésico e auditivo...", T. F. Hawk e A. J. Shab, *Using Learning Styles Instruments to Enhance Student Learning* (*Usando Instrumentos de Estilos de Aprendizagem para Aprimorar o Aprendizado do Aluno*), *Decision Sciences Journal of Innovative Education*, 2007, pp. 1540–4609.

Página 13. "pesquisadores educacionais sugerem que aproximadamente 83%...", U.S. Department of Labor, *Construction Safety and Health Outreach Program* (O. O. Education, Producer), 1º de maio de 1996;

acessado em 15 de setembro de 2012, em Occupational Safety & Health Administration, www.osha.gov/doc/outreachtraining/htmlfiles/traintec.html.

Página 14. Na obra *The Decision Book* (*O Livro das Decisões*), Mikael Krogerus, Roman Tschäppeler, Philip Earnhart e Jenny Piening, *The Decision Book* (*O Livro das Decisões*) (Nova York: Norton, 2011).

Página 15. Imagens *ibid.*, pp. 91, 116-117.

Página 19. "A análise de causa raiz,...", M. L. Emiliani, *Origins of Lean Management in America: The Role of Connecticut in Business* (*Origens do Gerenciamento Insípido na América: O Papel de Connecticut nos Negócios*), *Journal of Management History* 12(2), 2006, pp. 167-184.

Página 20. "Os autores... entrevistam Curtis Carlson, CEO da SRI International". Thomas L. Friedman e Michael Mandlebaum, *Éramos Nós: A Crise Americana e Como Resolvê-la* (São Paulo: Cia das Letras, 2012), pp. 96-98 do original em inglês.

Página 21. "Em segundo lugar, pesquisas na área de investigação apreciativa...", Weatherhead School of Management, Case Western Reserve University, *Appreciative Inquiry Commons*, 26 de setembro de 2000; acessado em 15 de novembro de 2011 em: www.appreciativeinquiry.case.edu.

Páginas 21-22. "Nosso humor, nossas atitudes e nossa disposição são prejudicados à medida que nos concentramos..." C. Wallis, *The New Science of Happiness* (*A Nova Ciência da Felicidade*), *Time*, 17 de janeiro de 2005; acessado em 23 de outubro de 2012 em: www.authentichappiness.sas.upenn.edu/images/TimeMagazine/Time-Happiness.pdf.

Página 22. "cérebro reptiliano", D. Baker, *What Happy People Know: How the New Science of Happiness Can Change Your Life for the Better* (*O Que as Pessoas Felizes Sabem: Como a Nova Ciência da Felicidade Pode Mudar Sua Vida para Melhor*) (Nova York: St. Martin's Griffin, 2004).

Página 27. "Para que a imaginação leve à implementação, precisamos nos livrar..." Annette Moser-Wellman, *Cinco Faces de um Gênio: como Descobrir e Desenvolver a Genialidade Humana* (Alegro, 2001), pp. 66-69 do original em inglês.

Página 29. "Uma organização que esteja enfrentando um ameaça real ou uma nova oportunidade..." John P. Kotter, *Accelerate! (Acelere!)*, *Harvard Business Review*, novembro 4, 2012, p. 1.

Página 31. "Nos EUA, ficamos tentando imaginar a razão pela qual a produtividade geral está baixa e 71% da força de trabalho norte-americana ou não está suficientemente engajada..." N. Blacksmith e J. Harten, *Majority of Americans Not Engaged in Their Jobs* (*Maioria dos Norte-americanos Não Está Engajada no Emprego*), *Gallup Wellbeing*, 28 de outubro de 2011; acessado em 28 de setembro de 2012 em: www.gallup.com/poll/150383/majority-american-workers-not-engaged-jobs.aspx.

Página 32. "Um dos maiores problemas...", Sabina Spencer, entrevista da autora em 7 de outubro de 2012.

Página 32. "Empreendimentos do século XXI exigem muito mais de seus líderes....", Will McInnes, *Dear Business-as-Usual, It's Time for a Revolution* (*Querido Negócios-como-de-Costume, É Hora de uma Revolução*), *BA Business Life*, 14 de outubro de 2012.

Página 33. "O poder da ilustração estratégica está no fato de ela encorajar o diálogo..." Sabina Spencer, entrevista da autora, 30 de outubro de 2012.

CAPÍTULO 3

Página 54. "Um dos 'idealizadores' do conceito Group Graphics..." David Sibbet, *A Graphic Facilitation Retrospective* (*Uma Retrospectiva da Facilitção Gráfica*). Adaptado de uma apresentação na International Association of Facilitators, *The Art and Mastery of Facilitation— Navigating the Future* (*A Arte e a Maestria da Facilitação – Navegando o Futuro*), Conferência IAF, 16 a 20 de maio de 2001.

Página 61. "A facilitação gráfica auxilia na resolução de conflitos ao disponibilizar mais que uma abordagem unicamente verbal....", Geoff Ball, *Graphic Facilitation Focuses a Group's Thoughts* (*A Facilitação Gráfica Enfoca os Pensamentos de um Grupo*), *Consensus*, 18 de abril de 1998, p. 2; acessado em 12 de maio de 2007 em: Mediate.com, www.mediate.com/articles/ball.cfm.

Página 61. "A alfabetização visual se refere a um grupo de competências visuais que..." M. Avgerinou e J. Ericsson, *A Review of the Concept of Visual Literacy* (*Uma Revisão do Conceito de Alfabetização Visual*), British Journal of Education Technology, 25(4), 1997, pp. 280-291.

Página 62. "...indivíduos acostumados a fazer rabiscos nos cadernos se recordam muito mais dos dados que aqueles que não rabiscam." Jackie Andrade, *What Does Doodling Do?* (*O Que os Rabiscos Fazem?*), Applied Cognitive Psychology Issues 24, 2010, pp. 100-101.

Página 62. "o ato de rabiscar força o cérebro a usar apenas a energia suficiente para impedi-lo de divagar,..." Ibid., p. 106.

Página 63. Informações sobre o lado esquerdo e o direito do cérebro: B. Mauk, *Brain Scientists Identify Close Links Between the Arts, Learning* (*Cientistas que Estudam o Cérebro Identificam Ligações Próximas Entre Arte, Aprendizado*), Arts Education in the News, 14 de maio de 2009; acessado em 22 de abril de 2011 em: Dana Foundation, www.dana.org/news/features/detail.aspx?id=21822; E. Jensen, *Arts with the Brain in Mind* (*Arte com o Cérebro em Mente*) (Washington, DC: Association for Supervision and Curriculum Development, 2011); L. Bowie, *Arts Appear to Play a Role in Brain Development* (*A Arte Parece Ter um Papel no Desenvolvimento do Cérebro*), Baltimore Sun, 18 de maio de 2009; H. Gardner, *Arte, Mente e Cérebro: Uma Abordagem Cognitiva da Criatividade* (Porto Alegre: Artmed, 1999); S. Lipoff, *Right Brain or Left Brain: Creativity* (*Lado Direito e Lado Esquerdo do Cérebro: Criatividade*). So Says Sarah (blog), 18 de setembro de 2011; acessado em 14 de julho de 2012 em: http://sarahlipoff.com/2011/09/18/right-brainleft-brain-creativity/; e American Psychological Association, *Brain's Left and Right Sides Working Together in Mathematically Gifted Youth* (*Lados Esquerdo e Direito do Cérebro Trabalhando Juntos na Juventude Abençoada pela Matemática*), Science Daily, 12 de abril de 2004; acessado em 10 de julho de 2012 em: www.sciencedaily.com/releases/2004/04/040412012459.htm.

Página 64. "A imagística visual é outro exemplo [de como os lados esquerdo e direito trabalham juntos e de maneira simultânea]...." Miriam Vered, *Left and Right Brain Working Together* (*Lados Esquerdo e Direito do Cérebro Trabalhando Juntos*), Brain Skills; acessado em 30 de outubro de 2012 em: www.brainskills.co.uk/leftandrightbrainworkingtogether.html.

Página 65. "O córtex pré-frontal... 'está envolvida nos pensamentos sobre o futuro, em fazer planos e agir'..." Y. Yang e A. Raine, *Prefrontal Structural and Functional Brain Imaging Findings in Antisocial, Violent, and Psychopathic Individuals: A Meta-Analysis* (*Achados de Imagem da Estrutura Pré-frontal e do Cérebro Funcional em Indivíduos Antissociais, Violentos e Psicopatas*). Acessado em 4 de junho de 2012. *Psychiatry Res* 174 (2): 81. 2009.

Página 65. "O sistema límbico (na parte central...)", Farlex, *The Limbic Brain* (*O Cérebro Límbico*). The Free Dictionary, 1 de janeiro de 2012; acessado em 3 de setembro de 2012 em: www.thefreedictionary.com/limbic+brain.

Página 65. "O conteúdo pode provocar algum tipo de emoção..." C. George Boeree, *The Emotional Nervous System* (*O Sistema Nervoso Emocional*); acessado em 1 de novembro de 2012 em: General Psychology, http://webspace.ship.edu/cgboer/limbicsystem.html.

CAPÍTULO 4

Página 73. "É por isso que a visualização é capaz de aprimorar o desempenho." Norman Doidge, *O Cérebro que Se Transforma: Como a Neurociência Pode Curar as Pessoas* (Rio de Janeiro: Record, 2011), pp. 200–205 do original em inglês.

Página 74. "prática mental". *Ibid.*, p. 204 do original em inglês.

Página 77. "Utensílios visuais representam uma ótima ferramenta de apoio à comunicação..." Sabine Soeder, entrevista da autora, 1 de outubro de 2012.

Página 79. "Agora é o momento de deixar que os membros de sua equipe tenham liberdade de usar a própria imaginação." Ulric Rudebeck,

Strategic Vision Work (*Trabalho de Visão Estratégica*) (Estocolmo, Suécia: UR Vision, 2008), p. 120.

Página 86. "As estruturas hierárquicas e os processos organizacionais que temos usado..." John P. Kotter, *Accelerate!* (*Acelere!*), *Harvard Business Review*, 4 de novembro de 2012, p. 4.

Página 87. "A percepção é uma parte de como os seres humanos sobrevivem biologicamente." R. L. Gregory, *Eye and Brain: The Psychology of Seeing* (*Olho e Cérebro: A Psicologia da Visão*) (Princeton, NJ: Princeton University Press, 1990).

Página 87. "...asseguram nossa sobrevivência em praticamente qualquer ambiente, condição ou circunstância..." D. Hebb, *Science and the World of Imagination* (*A Ciência e o Mundo da Imaginação*), *Canadian Psychology* 16, 1975, pp. 4–11.

Página 87. "Parte da estratégia evolucionária que envolve a sobrevivência..." H. R. Pagels, *The Dream of Reason* (*O Sonho da Razão*) (Nova York: Bantam Books, 1988).

Página 88. "Conforme as pessoas são agregadas a essa mistura, juntamente com suas próprias culturas, diferentes idiomas..." J. Deregowski, *Real Space and Represented Space: Cross Cultural Perspectives* (*Espaço Real e Espaço Representado: Perspectivas Culturais Cruzadas*), *Behavioral and Brain Sciences* 12, 1989, p. 57.

Página 93. "John Chambers, CEO da Cisco durante muitos anos, refletiu sobre essa mudança nos negócios..." A. Bryant, *In a Near-Death Event, a Corporate Rite of Passage* (*Num Evento de Morte Próxima, Um Rito de Passagem Corporativo*), *New York Times*, 1 de agosto de 2009.

Página 94. "No livro *Éramos Nós: A Crise Americana e Como Resolvê-la*, os autores Thomas Friedman e Michael Mandlebaum..." Thomas L. Friedman e Michael Mandlebaum, *Éramos Nós: A Crise Americana e Como Resolvê-la* (São Paulo: Cia das Letras, 2012), p. 93 do original em inglês.

Página 95. "Histórias são mais poderosas que informações..." M. Koerth-Baker, *The Mind of a Flip-Flopper* (*A Mente de um Vira-Casacas*), *New York Times Magazine*, 19 de agosto de 2012, p. 14.

Página 99. "Eles simplesmente amaram o desenho! Ficaram impressionados..." Martha Lanaghen, entrevista da autora, 4 de outubro de 2012.

Página 103. "Acreditamos que a motivação intrínseca deve estar presente..." James M. Kouzes e Barry Z. Posner, *O Desafio da Liderança: Como Conseguir Feitos Extraordinários em Organizações* (Rio de Janeiro: Campus, 1996), p. 40 do original em inglês.

Páginas 103–104. "Foi como se tudo acontecesse em um minuto....." Lois Todd, entrevista da autora, 12 de julho de 2012.

Página 107. "Tínhamos um único dia para reunir 35 pessoas..." Elizabeth Groginsky, entrevista da autora, 2 de outubro de 2012.

Página 109. "Sempre fomos uma organização difícil de ser compreendida..." Lisa Barwell, entrevista da autora, 25 de setembro de 2012.

Página 110 "Em geral (...) o medo tem suas raízes na necessidade de as mudanças..." John Hunt, *The Art of the Idea* (*A Arte da Ideia*) (Brooklyn, NY: Powerhouse Books, 2009), p. 128.

Página 112. "Nosso mapa estratégico construiu uma linguagem totalmente nova..." Lisa Bardwell, entrevista da autora, 25 de setembro de 2012.

Página 117. "O mapa me oferece um tipo de confiança emocional...." *Ibid.*

Página 117. "Antes de qualquer contato com um cliente..." Carlos Mota, entrevista da autora, 29 de outubro de 2012.

Página 118. "A maior parte do nosso senso de valor vem de nossas habilidades..." Sabina Spencer, *The Heart of Leadership* (*O Coração da Liderança*) (Londres: Ebury Press, 2001), p. 84.

Página 118. "A DuPont comercializa ótimos produtos derivados de marcas inferiores, como a Corian e a Tyvek...." Conjecture Corporation, *What Are Tyvek Wristbands?* (*O que São Munhequeiras Tyvek?*), wiseGEEK; acessado em 5 de dezembro de 2011 em: www.wisegeek.com/what-are-tyvek-wristbands.htm.

Página 118. *Post-its*, Massachusetts Institute of Technology, Faculdade de Engenharia, *Inventor of the Week: Art Fry and Spencer Silver* (*Inventores da Semana: Art Fry e Spencer Silver*), 23 de setembro de 2007; acessado em 19 de dezembro de 2011 em: Lemelson-MIT Archives, http://web.mit.edu/invent/iow/frysilver.html.

Páginas 118-119. "As pessoas nessas empresas investiram tempo criando produtos a partir de erros." H. Petroski, *A Evolução das Coisas Úteis: Clipes, Garfos, Latas, Zíperes e Outros Objetos do Nosso Cotidiano* (Rio de Janeiro: J. Zahar, 2007).

Página 120. "Por exemplo, nos Jogos Olímpicos de 2012, Ryan Lochte..." "Meu Esportista: Ryan Lochte," *Sports Illustrated*, 17 de Agosto de 2012; acessado em 12 de outubro de 2012 em: www.sportsillustrated.cnn.com/2011/magazine/sportsman/11/12/anderson-lochte/index.html.

Página 120. "Isso funcionou. No livro *A Arte da Possibilidade*, o maestro..." R. S. Zander e B. Zander, *A Arte da Possibilidade* (Rio de Janeiro: Campus, 2001), pp. 9-23 do original em inglês.

CAPÍTULO 5

Página 126. "Não se trata tanto da qualidade do desenho...." Todd Barker, entrevista da autora, 2 de novembro de 2012.

Página 127. "Alinhar pessoas de acordo com um conjunto compartilhado de aspirações..." Peter Senge, et al., *A Dança das Mudanças: Os Desafios de Manter o Crescimento e o Sucesso em Organizações que Aprendem* (Rio de Janeiro: Campus, 2001), p. 409 do original em inglês.

Página 128. "construção física de sistemas e relações de modo..." *Alignment (Alinhamento)*, Wikipedia, 30 de setembro de 2012; acessado em 23 de outubro de 2012 em: en.wikipedia.org/wiki/alignment.

Página 129. "...os antigos alquimistas –, o triângulo representava..." J. Emick, *A Visual Glossary: Alchemical Fire* (*Um Glossário Visual: Fogo da Alquimia*), *Symboldictionary*, 10 de janeiro de 2009; acessado em 22 de julho de 2012 em: http://symboldictionary.net/?p=2504.

Página 132. "O processo e as imagens nos ajudam a sustentar os 'acordos' que fazemos uns com os outros....." Juanita Brown, entrevista da autora, 31 de outubro de 2012.

Página 134. "8% das terras são privadas; 25% pertencem a tribos e 67% ao poder público...." Utah Governor's Office of Planning and Budget, *San Juan County Profile* (*Perfil da Cidade de San Juan*), dezembro de 2003, www.planning.utah.gov.

Página 137. "Contar com a adesão da comunidade seria a única maneira de fazer esse projeto dar certo...." Janet Ross, entrevista da autora, junho de 2007.

Página 138. "Aceleração pode ser definida como 'medida de quão rápido uma velocidade se altera.'" *Acceleration* (*Aceleração*), Wikipedia, 15 de setembro de 2012; acessado em 23 de setembro de 2012 em: www.en.wikipedia.org/wiki/accelerator.

Página 139. "o fenômeno segundo o qual uma variável se move em direção ao valor desejado cada vez mais rápido..." *Accelerator Effect* (*Efeito de Aceleração*), Wikipédia, 27 de janeiro de 2012; acessado em 15 de setembro de 2012 em: www.en.wikipedia.org/wiki/accelerator_effect.

Página 140. "O entusiasmo pela possibilidade de me expressar..." Carlos Mota, entrevista da autora, 2 de novembro de 2012.

Página 141. "Tenho visto muitos casos..." Jeraldene Lovell-Cole, entrevista da autora, 20 de outubro de 2012.

Página 142. "operando de forma conjunta" John P. Kotter, *Accelerate!* (*Acelere!*), *Harvard Business Review*, 4 de novembro de 2012, p. 4.

Página 142. "Um deles é o sistema operacional (ou 'hierarquia voltada para a administração')..." *Ibid.*, p. 6.

Página 142. "coalizão orientadora" *Ibid.*

Página 142. "rede estratégica" *Ibid.*, pp. 1-8.

Página 144. "Atualmente, as falhas inevitáveis de sistemas operacionais isolados nos causam danos, mas, no futuro,..." *Ibid.*, p. 8.

CAPÍTULO 6

Página 150. "Eu costumo desenhar em meu escritório para..." Todd Barker, entrevista da autora, 2 de novembro de 2012.

Página 151. "A atenção é desviada de você para o assunto." Mikael Krogerus, Roman Tschäppeler, Philip Earnhart e Jenny Piening, *The Decision Book* (*O Livro da Decisão*) (Nova York: Norton, 2011), p. 156.

Página 152. "Desenhar junto a outras pessoas traz as coisas de volta a uma 'escala humana'..." Juanita Brown, entrevista da autora, 31 de outubro de 2012.

Páginas 153-158. *Visual Coaching Guides* (*Guias Visuais de Coaching*). E. Auzan, C. Chopyak, et al., (Alemanha: Neuland, 2011), disponível para compra em: www.neuland.com/US/details.htm?$product=7g034msxtus.

Página 158. *The Balanced Scorecard* (*O Balanced Scorecard*), Robert S. Kaplan, David P. Norton, *A Estratégia em Ação* (Rio de Janeiro: Campus, 2001).

Página 160. "Esses mapas (de atividades) combinam o tempo, o conteúdo e as condições físicas (ou espaço)..." Ulric Rudebeck, entrevista da autora, 13 de outubro de 2012.

Página 166. "Mapa de influências e preocupações", Stephen R. Covey, *Os Sete Hábitos das Pessoas Altamente Eficazes* (Rio de Janeiro: Best Seller, 2009).

Página 168. "Mapa de Análise de Campo de Forças" M. Connelly, *Force Field Analysis – Kurt Lewin* (*Análise de Campo de Forças – Kurt Lewin*); acessado em setembro de 2011 em www.change-management-coach.com/force-field-analysis.html; e J. Neal, *Field Theory – Kurt Lewin* (*Teoria de Campo – Kurt Lewin*); acessado em 14 de outubro de 2011 em www.wilderdom.com/theory/FieldTheory.html.

Página 170. "A história é como um contêiner. [...] É como um poço do qual se retiram..." Ulric Rudebeck, *Strategic Vision Work* (*Trabalho de Visão Estratégica*) (Estocolmo, Suécia: UR Vision, 2008), p. 63.

Página 172. "Todas as figuras capturam, reúnem e transmitem ideias, experiências..." *Ibid.*, p. 32.

Página 173. "Isso acontece quando as pessoas..." Lois Todd, entrevista da autora, 14 de setembro de 2012.

Página 178. "Você só consegue desenhar bonequinhos de palitos?" Krogerus, et al., *The Decision Book* (*O Livro da Decisão*), p. 156.

Página 182. "Quando você está se movendo rumo às mudanças..." Elizabeth Groginsky, entrevista da autora, 2 de outubro de 2012.

Página 183. "Pensamos com os objetos que amamos; amamos os objetos com os quais pensamos." Sherry Turkle, *Evocative Objects: Things We Think With* (*Objetos Evocativos: Coisas com as Quais Pensamos*), Cambridge, MA: Massachusetts Institute of Technology, 2007, p. 19.

Página 183. "Objetos são capazes de catalisar a autocriação." *Ibid.*, p. 28.

American Psychological Association. *Brain's Left and Right Sides Working Together in Mathematically Gifted Youth* (Lados Esquerdo e Direito do Cérebro Trabalhando Juntos na Juventude Abençoada pela Matemática), Science Daily, 12 de abril de 2004; acessado em 10 de julho de 2012 em: www.sciencedaily.com/releases/2004/04/040412012459.htm.

Andrade, Jackie. *What Does Doodling Do?* (O Que os Rabiscos Fazem?), Applied Cognitive Psychology Issues 24, 2010, pp. 100-106.

Auzan, E., Chopyak, C., et al. *Visual Coaching Guides* (Guias Visuais de Coaching). E. Auzan, C. Chopyak, et al., (Alemanha: Neuland, 2011), disponível para compra em: www.neuland.com/US/details.htm?$product=7g034msxtus.

Avgerinou, M., and J. Ericsson. *A Review of the Concept of Visual Literacy* (Uma Revisão do Conceito de Alfabetização Visual), British Journal of Education Technology, 25(4), 1997, pp. 280-291.

Baker, D. *What Happy People Know: How the New Science of Happiness Can Change Your Life for the Better* (O Que as Pessoas Felizes Sabem: Como a Nova Ciência da Felicidade Pode Mudar Sua Vida para Melhor) (Nova York: St. Martin's Griffin, 2004).

Ball, Geoff. *Graphic Facilitation Focuses a Group's Thoughts* (A Facilitação Gráfica Enfoca os Pensamentos de um Grupo), Consensus, 18 de abril de 1998, p. 2; acessado em 12 de maio de 2007 em: Mediate.com, www.mediate.com/articles/ball.cfm.

Blacksmith, N., and J. Harten. *Majority of Americans Not Engaged in Their Jobs* (Maioria dos Norte-americanos Não Está Engajada no Emprego), Gallup Wellbeing, 28 de outubro de 2011; acessado em 28 de setembro de 2012 em: www.gallup.com/poll/150383/majority-american-workers-not-engaged-jobs.aspx.

Boeree, C. George. *The Emotional Nervous System* (O Sistema Nervoso Emocional); acessado em 1 de novembro de 2012 em: *General Psychology*,.

Bowie, L. *Arts Appear to Play a Role in Brain Development* (A Arte Parece Ter um Papel no Desenvolvimento do Cérebro), *Baltimore Sun*, 18 de maio de 2009.

Brown, J., and D. Isaacs. *The World Cafe Book: Shaping Our Futures Through Conversations That Matter* (O Livro do World Cafe: Modelando Nosso Futuro Por Meio de Conversas que Importam). São Francisco: Berrett-Koehler, 2005.

Bryant, A. *In a Near-Death Event, a Corporate Rite of Passage* (Num Evento de Morte Próxima, Um Rito de Passagem Corporativo), *The New York Times*, 1 de agosto de 2009.

Case Western Reserve University, Weatherhead School of Management. *Appreciative Inquiry Commons*, 26 de setembro de 2000; acessado em 15 de novembro de 2011 em: www.appreciativeinquiry.case.edu.

Conjecture Corporation. *What Are Tyvek Wristbands?* (O que são Munhequeiras Tyvek?), *wiseGEEK*; acessado em 5 de dezembro de 2011 em: www.wisegeek.com/what-are-tyvek-wristbands.htm.

Connelly, M. *Force Field Analysis – Kurt Lewin* (Análise de Campo de Forças – Kurt Lewin); acessado em setembro de 2011 em www.change-management-coach.com/force-field-analysis.html.

Covey, S. R. *Os Sete Hábitos das Pessoas Altamente Eficazes* Rio de Janeiro: Best Seller, 2009.

Deregowski, J. *Real Space and Represented Space: Cross Cultural Perspectives* (Espaço Real e Espaço Representado: Perspectivas Culturais Cruzadas) Behavioral and Brain Sciences 12, 1989, p. 57.

Doidge, Norman. *O Cérebro Que Se Transforma: Como a Neurociência Pode Curar as Pessoas.* Rio de Janeiro: Record, 2011.

DuPont. *History & Facts (História & Fatos)*, 5 de janeiro de 2012. Acessado em 20 de novembro de, 2012 em: www2.dupont.com/Surfaces/en_US/whats_new/news_and_media/history_facts/.

Emick, J. *A Visual Glossary: Alchemical Fire (Um Glossário Visual: Fogo da Alquimia), Symboldictionary,* 10 de janeiro de 2009; acessado em 22 de julho de 2012 em: http://symboldictionary.net/?p=2504.

Emiliani, M. L. *Origins of Lean Management in America: The Role of Connecticut in Business (Origens do Gerenciamento Insípido na América: O Papel de Connecticut nos Negócios), Journal of Management History* 12(2), 2006, pp. 167–184.

Farlex. *The Limbic Brain (O Cérebro Límbico). The Free Dictionary,* 1 de janeiro de 2012; acessado em 3 de setembro de 2012 em: www.thefreedictionary.com/limbic+brain.

Friedman, Thomas L. e Michael Mandlebaum. *Éramos Nós: A Crise Americana e Como Resolvê-la.* São Paulo: Cia das Letras, 2012.

Gardner, H. *Arte, Mente e Cérebro: Uma Abordagem Cognitiva da Criatividade.* Porto Alegre: Artmed, 1999.

Gregory, R. L. *Eye and Brain: The Psychology of Seeing (Olho e Cérebro: A Psicologia da Visão).* Princeton, NJ: Princeton University Press, 1990.

Hawk, T. F. e A. J. Shab. *Using Learning Styles Instruments to Enhance Student Learning (Usando Instrumentos de Estilos de Aprendizagem para Aprimorar o Aprendizado do Aluno), Decision Sciences Journal of Innovative Education,* 2007, pp. 1540–4609.

Hebb, D. *Science and the World of Imagination (A Ciência e o Mundo da Imaginação), Canadian Psychology* 16, 1975, pp. 4–11.

Hunt, John. *The Art of the Idea (A Arte da Ideia).* Brooklyn, NY: Powerhouse Books, 2009.

Jensen, E. *Arts with the Brain in Mind (Arte com o Cérebro em Mente).* Washington, DC: Association for Supervision and Curriculum Development, 2011.

Kaplan, R. S. e D. P. Norton. *A Estratégia em Ação*. Rio de Janeiro: Campus, 2001.

Kazlev, M. A. *The Triune Brain* (*O Cérebro Trino*) KHEPER, 19 de outubro de 2003. Acessado em 2 de outubro de 2012 em: www.kheper.net/topics/intelligence/MacLean.htm.

Koerth-Baker, M. *The Mind of a Flip-Flopper* (*A Mente de um Vira Casacas*), New York Times Magazine, 19 de agosto de 2012, p. 14.

Kotter, John P. *Accelerate* (*Acelere!*), Harvard Business Review, 4 de novembro de 2012, pp. 1–8.

Kouzes, James M. e Barry Z. Posner. *O Desafio da Liderança: Como Conseguir Feitos Extraordinários em Organizações*. Rio de Janeiro: Campus, 1996.

Klass, P. E. *The Developing Brain and Early Learning* (*O Desenvolvimento do Cérebro e o Aprendizado Precoce*). Archives of Disease in Childhood, Novembro de 2003; acessado em 24 de agosto de 2012 em: adc.bmj.com/content/88/8/651.1full.

Krogerus, Mikael, Roman Tschäppeler, Philip Earnhart e Jenny Piening. *The Decision Book* (*O Livro das Decisões*). Nova York: Norton, 2011.

Liebermann, P. *On the Nature of Evolution of the Neural Bases of Human Language* (*Sobre a Natureza da Evolução da Base Neural da Linguagem Humana*), Yearbook of Physical Anthropology, 2002, pp. 36–62.

Lipoff, S. *Right Brain or Left Brain: Creativity* (*Lado Direito e Lado Esquerdo do Cérebro: Criatividade*). So Says Sarah (blog), 18 de setembro de 2011; acessado em 14 de julho de 2012 em: http://sarahlipoff.com/2011/09/18/right-brainleft-brain-creativity/.

Margulies, N. e C. Valenza. *Visual Thinking: Tools for Mapping Your Ideas* (*Pensamento Visual: Ferramentas para Mapear Suas Ideias*). Williston, VT: Crown House Publishing, 2005.

Massachusetts Institute of Technology, School of Engineering. *Inventor of the Week: Art Fry and Spencer Silver* (*Inventores da Semana: Art Fry e Spencer Silver*), 23 de setembro de 2007; acessado em 19 de dezembro de 2011 em: Lemelson-MIT Archives, http://web.mit.edu/invent/iow/frysilver.html.

Mauk, B. *Brain Scientists Identify Close Links Between the Arts, Learning (Cientistas que Estudam o Cérebro Identificam Ligações Próximas Entre Arte, Aprendizado), Arts Education in the News*, 14 de maio de 2009; acessado em 22 de abril de 2011 em: Dana Foundation, www.dana.org/news/features/detail.aspx?id=21822.

McInnes, W. *Dear Business-as-Usual, It's Time for a Revolution (Querido Negócios-como-de-Costume, É Hora de uma Revolução), BA Business Life*, 14 de outubro de 2012.

Moser-Wellman, Annette. *Cinco Faces de um Gênio: como Descobrir e Desenvolver a Genialidade Humana* (Alegro, 2001).

Neal, J. *Field Theory – Kurt Lewin* (*Teoria de Campo – Kurt Lewin*); acessado em 14 de outubro de 2011 em www.wilderdom.com/theory/FieldTheory.html.

Pagels, H. R. *The Dream of Reason* (*O Sonho da Razão*). Nova York: Bantam Books, 1988.

Petroski, H. *A Evolução das Coisas Úteis: Clipes, Garfos, Latas, Zíperes e Outros Objetos do Nosso Cotidiano*. Rio de Janeiro: J. Zahar, 2007.

Raine, Y. A. *Prefrontal Structural and Functional Brain Imaging Findings in Antisocial, Violent, and Psychopathic Individuals: A Meta-Analysis* (*Achados de Imagem da Estrutura Pré-frontal e do Cérebro Funcional em Indivíduos Antissociais, Violentos e Psicopatas: Uma Meta-Análise*). Acessado em 4 de junho de 2012. *Psychiatry Res* 174 (2): 81. 2009.

Roam, D. *Desenhando Negócios: Como Desenvolver Ideias com o Pensamento Visual e Vencer nos Negócios*. Rio de Janeiro: Campus, 2012.

Rudebeck, Ulric. *Strategic Vision Work* (*Trabalho de Visão Estratégica*). Estocolmo, Suécia: UR Vision, 2008.

Safian, R. *This Is Generation Flux: Meet the Pioneers of the New (and Chaotic) Frontier of Business* (*Esse É o Fluxo de Geração: Encontre os Pioneiros da Nova (e Caótica) Fronteira dos Negócios), Fast Company*, 9 de janeiro de 2012.

Sagan, C. *The Dragons of Eden* (*Os Dragões do Éden*). Nova York: Random House, 1977.

Senge, Peter, et. al. *A Dança das Mudanças: Os Desafios de Manter o Crescimento e o Sucesso em Organizações que Aprendem*. Rio de Janeiro: Campus, 2001.

Sibbet, D. *A Graphic Facilitation Retrospective* (*Uma Retrospectiva da Facilitção Gráfica*). Adaptado de uma apresentação no International Association of Facilitators, *The Art and Mastery of Facilitation – Navigating the Future* (*A Arte e a Maestria da Facilitação – Navegando o Futuro*), Conferência IAF, 16 a 20 de maio de 2001.

Spencer, Sabina. *The Heart of Leadership* (*O Coração da Liderança*). Londres: Ebury Press, 2001.

Sports Illustrated. *My Sportsman: Ryan Lochte* (*Meu Esportista: Ryan Lochte*), *Sports Illustrated*, 17 de Agosto de 2012; acessado em 12 de outubro de 2012 em: www.sportsillustrated.cnn.com/2011/magazine/sportsman/11/12/anderson-lochte/index.html.

Turkle, Sherry. *Evocative Objects: Things We Think With* (*Objetos Evocativos: Coisas com as Quais Pensamos*), Cambridge, MA: Massachusetts Institute of Technology, 2007.

Tuttle, Harry G. *Better Learning and Expressions of Learning through Visual Literacy* (*Melhor Aprendizado e Expressão do Aprendizado Por Meio da Alfabetização Visual*), 7 de setembro de 2006; acessado em 15 de setembro de 2007, da Faculdade de Educação da Universidade de Syracusa, http://eduwithtechn.wordpress.com.

U.S. Department of Labor. *Construction Safety and Health Outreach Program* (O. O. Education, Producer), 1º de maio de 1996. Acessado em 15 de setembro de 2012, em Occupational Safety & Health Administration, http://www.osha.gov/doc/outreachtraining/htmlfiles/traintec.html.

Vered, Miriam. *Left and Right Brain Working Together* (*Lados Esquerdo e Direito do Cérebro Trabalhando Juntos*), Brain Skills; acessado em 30 de outubro de 2012 em: www.brainskills.co.uk/leftandrightbrainworkingtogether.html.

Wallis, C. *The New Science of Happiness* (*A Nova Ciência da Felicidade*), Time, 17 de janeiro de 2005; acessado em 23 de outubro de 2012 em:

www.authentichappiness.sas.upenn.edu/images/TimeMagazine/ Time-Happiness.pdf.

Whitney, D. L. e D. Cooperrider. *Appreciative Inquiry* (*Investigação* Apreciativa). São Francisco: Berrett-Koehler Communications Inc., 1999.

Wikipédia. *Accelerator Effect* (*Efeito de Aceleração*), Wikipédia, 27 de janeiro de 2012; acessado em 15 de setembro de 2012 em: www.en.wikipedia.org/wiki/accelerator_effect.

_____. *Alignment* (*Alinhamento*), Wikipédia, 30 de setembro de 2012; acessado em 23 de outubro de 2012 em: en.wikipedia.org/wiki/alignment.

Zander, R. S. e B. Zander. *A Arte da Possibilidade*. Rio de Janeiro: Campus, 2001.

Zemke, R. A. e S. Zemke. *30 Things We Know for Sure About Adult Learning* (*30 Coisas que Certamente Sabemos a Respeito do Aprendizado de Adultos*). *Honolulu University Teaching Tips*, 9 de março de 1984. Acessado em 5 de janeiro de 2008 em: www2.honolulu.hawaii.edu/facdev/guidebk/teachtip/m-files/m-adult3.htm.

AGRADECIMENTOS

Este livro é um milagre em vários aspectos. É a culminação de longos diálogos, de experimentações e desafios ao *status quo*, com a ajuda de várias outras pessoas.

Primeiramente, gostaria de dedicar meu mais profundo agradecimento e minha maior gratidão a Clydette de Groot, minha *coach* durante o processo de redação. Ela me treinou, questionou, criticou e riu ao longo de todo esse processo fantástico. Quero agradecer também a Sabina Spencer, meu anjo da guarda, que basicamente me empurrou porta adentro da McGraw-Hill e demonstrou total confiança e encorajamento durante todas as etapas. Agradeço também a Jeraldene, por sempre me lembrar que eu tenho um objetivo – muito obrigada!

Essas ideias se originaram em conversas ao redor de uma mesa de cozinha, em Dresden, na Alemanha (obrigada a Sabine e Ulrich), em museus na Europa e nos EUA (agradeço a você, Ulric), e em cafés em Genebra (obrigada, Elizabeth). Agradeço a todos os "alquimistas" que assistiram aulas e desafiaram várias das suposições apresentadas e discutidas neste livro. Sua tenacidade, dedicação e criatividade são os elementos que me mantêm inspirada e disposta a continuar a aprimorar meu trabalho.

Agradeço também a todos os meus clientes, colegas e amigos. Vocês tornaram esse livro e o seu conteúdo possível. Sem a capacidade de compartilhar, capturar, guiar, provocar, questionar e apoiar seu trabalho, os *insights* e as ideias apresentadas aqui não teriam se materializado.

Ouvir é uma parte importantíssima nesse trabalho. Tenho uma dívida de gratidão com David Isaacs, um mestre nas artes de ouvir e refletir; com Carlos Mota, um dos melhores criadores de perguntas com os quais tive o privilégio de trabalhar; e com Juanita Brown, por levar meus pensamentos e minhas ações a novos lugares e espaços.

Agradeço ainda a Emily Vercoe, por seu trabalho incansável de pesquisa; a Alece Birnback, pelo *design* da capa e por me oferecer estímulo na forma de confiança; e a Louis Todd, por sua energia ilimitada em busca de "possibilidades." Também estou em dívida com a Alchemy por toda a confiança e todo o apoio que me foram depositados durante a criação deste livro.

Donya Dickerson, editora-sênior da McGraw-Hill, é uma profissional extraordinária, inteligente e esperta que se arriscou apostando em mim para contar a história dos negócios incluindo figuras, estratégias e métodos de execução. Donya tornou o processo fácil, divertido e excitante, demonstrando confiança tanto no conceito quanto na escritora. Você é uma jóia; uma pessoa maravilhosa.

Do mesmo modo como os negócios podem se transformar na nossa família, minha própria família foi trazida para dentro dos negócios. Agradeço a Joellen (irmã nº 1), que me permitiu enlouquecer e simplesmente escrever; ao meu irmão, por sua descrença e admiração; a Jill (irmã nº 2), por sua afirmação de que eu deveria escrever este livro; à minha mãe, Angie, a editora (sem ela, eu ainda estaria tendo de lidar com tempos verbais e erros ortográficos), e ao meu pai, Joe, por sua colaboração de última hora.

Meu marido, John Herge, merece o último "super obrigado." Ele é uma das pessoas mais pacientes, firmes, leais, espertas, provocantes e interessantes que conheço. As ideias aqui compartilhadas surgiram de horas de diálogos, desenhos e apoio compartilhados por nós dois. Não há ninguém no mundo que eu adore mais!

SOBRE A AUTORA

Christine Chopyak é uma talentosa consultora e estrategista que usa uma variedade de metodologias, melhores práticas, modelos gráficos e também sua capacidade de ouvir atentamente para extrair ideias, soluções e inovações, tanto de pessoas quanto de organizações. Sua abordagem resulta em um ambiente dinâmico no qual alta energia, melhores práticas e facilidades sistêmicas criam oportunidades para que clientes e *stakeholders* se sintam entusiasmados em adotar.

Considerando os mais de 20 anos de experiência nas áreas de planejamento de negócios, consultoria, participação pública, engajamento de *stakeholders*, e também seu histórico em sistemas, seus clientes incluem multinacionais que fazem parte da lista *Fortune 500*, agências do governo, municipalidades, condados, associações comerciais e sistemas educacionais. Ela desenhou processos para inúmeros setores, incluindo as áreas financeira, tecnológica, energética, farmacêutica, de produtos de consumo, de consultoria, petroquímica, agrícola, de propaganda, aeroespacial, hoteleira e educacional (trabalhando ao lado dessas organizações). Especialista na facilitação de grandes grupos (mais de 150 participantes) e integração cultural, Chris aprecia o desafio de lidar tanto com sistemas grandes quanto com equipes pequenas em ambientes diversificados, multiculturais e internacionais.

Um diferencial-chave de Chris é a incorporação de ilustrações e animações estratégicas para mobilizar as pessoas com quem trabalha. Ao incluir arte e imagens em seus projetos, ela habilmente dissemina os princípios do *design* especializado, o compartilhamento de histórias, a empatia e a sintonia como um modo de as pessoas se concentrarem no que realmente importa para o cliente dentro do contexto imediato.

Antes de assumir seu papel de liderança na Alchemy, Chris foi vice-presidente de desenvolvimento na Earth Force e diretora-executiva da Keystone Science School, uma divisão do Keystone Center, localizado na cidade de Keystone, no Colorado. Ela foi oradora programática e membro convidado em várias faculdades de administração dos EUA. Ela também participa do conselho diretivo de várias organizações sem fins lucrativos. Chris tem um MBA do Programa Educacional e Profissional Executivo da Daniels College of Business, da Universidade de Denver e é graduada pelo programa executivo *50 for Colorado,* na LEEDS Business School da Universidade do Colorado, em Boulder. Para obter mais informações sobre ela, a empresa e seu trabalho acesse www.link2alchemy.com.

www.dvseditora.com.br

GRÁFICA PAYM
Tel. [11] 4392-3344
paym@graficapaym.com.br